Fritz Hommel

Aufsätze und Abhandlungen arabistisch-semitologischen Inhalts

1. Band

Fritz Hommel

Aufsätze und Abhandlungen arabistisch-semitologischen Inhalts
1. Band

ISBN/EAN: 9783743498228

Hergestellt in Europa, USA, Kanada, Australien, Japan

Cover: Foto ©ninafisch / pixelio.de

Weitere Bücher finden Sie auf **www.hansebooks.com**

Aufsätze und Abhandlungen

arabistisch-semitologischen Inhalts

von

Dr. Fritz Hommel
o. ö. Prof. der semit. Sprachen an der Univers. München.

Erste Hälfte:

Zu den arabischen Inschriften von el-Öla	S.	1—51
Die Kasside des ʿAbîd ibn al-Abraṣ	"	52—92
Die sprachgesch. Stellung des babylonischen einer- und des westsemitischen andrerseits	"	92—123
Nachträgliches zum Reich von Maʿîn	"	124—128

Nebst einer autogr. Tafel.

München
G. Franz'sche h. b. Hofbuchhandlung
1892.

An Stelle eines Vorworts.

Da der oder jener beim Aufschlagen des Buches aus den Ueberschriften der vier in dieser ersten Hälfte abgedruckten Nummern nicht sofort auf so manches im Inhalt derselben niedergelegte schliessen dürfte, so erlaube ich mir hier kurz zu bemerken, dass Nr. 1 zugleich eine Reihe von Beiträgen zur sabäischen Grammatik (z. B. S. 16 f., S. 18, S. 22 ff., S. 28, S. 32, S. 39, A. 1, wozu noch S. 78, A. 1 zu vgl.) und Lexikographie wie auch einen grösseren Exkurs über das Reich von Ma'în[1]) und einen kleineren über die banû Liḥjân enthält, dass ferner in Nr. 2 der erste Versuch seit Ahlwardts Chalaf al-Aḥmar (1859) gemacht ist, ein arabisches Gedicht (die hier zum erstenmal edirte Kasside des 'Abîd) aus den Parallelstellen der altarabischen Poesie zu commentiren, und dass endlich im Nachwort zu Nr. 3 (S. 97 ff.) ausführlich über die Geschichte des Granatapfelbaumes (dazu der Exkurs über den Gott Rimmôn, den ich auch im sabäischen nachgewiesen, S. 98), Oelbaums, Feigenbaums, Weinstocks und Apfelbaums wie auch über die engere Verwandtschaft zwischen aramäisch und arabisch (S. 110 ff.) gehandelt ist. Das einzelne wird der der 2. Hälfte beigegebene Index[2]) ausweisen, welche 2. Hälfte aber nur dann erscheinen wird, wenn bis Herbst 1893 die (von mir selbst getragenen) Kosten der 1. Hälfte gedeckt sein werden.

Zum Schluss bitte ich vor Benutzung des Buches die auf S. 123 angezeigten wenigen Druckfehler verbessern zu wollen.

1) und zwar über dessen Beziehungen zu Aegypten und dem alten Israel im 2. vorchristl. Jahrtausend!

2) derselbe soll zugleich mit dem längst von den Fachgenossen erwarteten arabischen Index zu meinen 1879 erschienenen „Säugethiernamen“ vereinigt werden.

1.

Zu den arabischen Inschriften von al-ʿUlay (el-Öla).

Der verdiente Paläograph und Forschungsreisende JULIUS EUTING brachte von seiner 1883/4 ausgeführten Reise in Nordarabien eine Sammlung von Inschriftenfragmenten in Abklatschen und Copien mit. Eine Reihe von nabatäischen meist von al-Ḥigr (Medâin Ṣâliḥ) herstammenden Inschriften gab Euting selbst, und zwar in musterhafter Weise, heraus[1], die übrigen, in sog. himjarischer und einer der himjarischen sehr ähnlichen Schrift, übergab er schon 1884 Herrn Professor D. H. Müller in Wien zur Bearbeitung. Noch im gleichen Jahre machte der letztere kurze Mittheilungen über die c. 60 ihm in trefflichen Abklatschen von Euting zugesandten Inschriften, nämlich über 25 sabäische und 33 in der verwandten Schriftgattung[2]). Diese Mittheilungen, welche sowol was den Umfang als den Inhalt und die Sprache der genannten, sämmtlich aus al-ʿUlay[3]) stammenden Denkmäler anlangte, waren wol geeignet, die Fachgenossen mit Spannung und Begierde noch möglichst rascher Publication zu erfüllen: denn schon der Umstand, dass in Nordarabien südarabische (und zwar minäische) Inschriften sich fanden, wie nicht minder der andere, dass daneben nordarabische Texte in

1) Nabatäische Inschriften aus Arabien von Julius Euting. Berlin 1885 (in 4⁰).

2) Anzeiger der philos.-hist. Klasse vom 17. Dec. (Jahrg. 1884, Nr. 28), im Sep.-Abdr. 8 Seiten in 8⁰.

3) Zur Transscription solcher Namen wie العُلَى vgl. man P. de Lagarde's Symmicta II (1880), S. 102 oben. Wem al-ʿUlay nicht gefällt, der möge al-ʿUlaj schreiben; gesprochen wurde es schon zu Moh.'s Zeit *al-ûlâ*.

ähnlichen Characteren wie die himjarischen, und dazu aus vorchristlicher Zeit, ans Licht traten, machte die Neugierde rege. Unsere Geduld wurde auf eine harte Probe gestellt. Endlich, im Herbst 1889, nach fünf langen Jahren, legte Müller seine Publication, die „epigraphischen Denkmäler aus Arabien“[1]) dem gelehrten Publikum vor, als gerade der achte Orientalistencongress, welchem auch das Werk gewidmet ist, in Stockholm tagte. Leider entspricht jedoch Müllers Buch in gar mancher Hinsicht nicht den gehegten Erwartungen.

Die weitaus grösste Bedeutung der minäischen Inschriftenfragmente[2]) von al-ʿUlay, nämlich das hohe Alter derselben wie überhaupt aller sog. minäischen Texte, ist bis jetzt nicht erkannt worden. Erst dem berühmten Forschungsreisenden EDUARD GLASER, der sich zugleich trefflich auf die Bearbeitung des von ihm herausgeholten Stoffes versteht, war es vorbehalten, dies nachzuweisen[3]), und erneute Untersuchungen konnten es nur bestätigen. Denn es spricht in der That alles dafür, dass die Minäer, oder besser ausgedrückt, die uns aus den Inschriften bekannten minäischen Könige und ihre Kultur, zeitlich vor die (von beginn des ersten vorchristl. Jahrtausends an bezeugten) Sabäer gehören. Den durchschlagenden geschichtlichen wie geographischen Gründen Glaser's, die man im dritten und vierten Kapitel der erwähnten „Skizze“ nachlesen möge möchte ich zunächst noch einen weiteren aus dem Bereich der althebräischen Literatur hinzufügen. Schon Glaser hatte S. 52 der „Skizze“ betont, dass in der Völkertafel wol von Saba, aber nicht mehr von Maʿin die Rede sei. Nun wird in einer Stelle des Richterbuches, Kap. 10,12 (kurz vor der Geschichte Jephtach's) Jahve[4]) folgender Spruch an die Israeliten in den Mund gelegt:

---

1) Wien 1889, Sep.-Abdr. aus dem 37. Bande der Denkschriften der philos.-hist. Classe der kais. Akad. d. Wiss.

2) Leider enthält keine einzige der ca. 10 einigermassen Zusammenhang aufweisenden Nummern dieser minäischen Inschriften mehr als acht Zeilen mittlerer Grösse, wozu noch kommt, dass keine vollständig erhalten ist.

3) Skizze der Geschichte Arabiens etc., S. 46 ff. (in den ersten beim Stockholmer Kongress an mehrere Fachgenossen vertheilten zehn Bogen dieses nächstens in Berlin erscheinenden epochemachenden Werkes).

4) Zu den schon bekannten Beweisen für die allein richtige Aussprache Jahve (für das Lagarde mit seiner Erklärung als Hiphʿil Recht behalten wird) kommen aus keilinschriftlichen Quellen ausser dem bereits oft be-

„Habe ich euch nicht errettet vor den Aegyptern, Amoritern, Ammonitern und Philistern? und auch die Sidonier, Amalekiter Ma'oniter[1]) bedrängten euch und ihr schrieet zu mir und ich rettete euch aus ihrer Hand?" Hier passt die landläufige Erklärung durch den Ort Ma'ân bei Petra nicht, sondern es muss ein mächtiges Volk gemeint sein, und zwar, wie aus der Stellung nach den 'Amâliķ hervorgeht, ein Araberstamm. Da nun auch sonst, an den wenigen Stellen, wo noch Ma'on vorkommt[2]), die griech. Uebersetzung *Μιναῖοι*, das sind aber, wie Diodor und Strabo lehren, die als Vermittler des bis an die Philistäerküste hin reichenden südarabischen Karawanenhandels wolbekannten Minäer, bietet.

sprochenen Namen des Judäers (meine Gesch. Bab.'s und Ass.'s, S. 701) *Ja'u-bi'di* (Var. *Ilu-bi'di!*) zur Zeit Sargons (720 v. Chr.) jetzt noch die Namen *Natânu-Jâma* (spr. *Natan-Jaca*, bezw. *Natan-Jace*) und *Gamar-Jâma* aus dem 10. Jahre des Darius; vgl. Revd. Ball, Bab. und Orient. Record, III (1889), p. 55.

1) Die griechische Uebersetzung (LXX) bietet *Μαδιαμ* d. i. Midjan, hatte also entweder die später fast vergessenen Ma'oniter durch die bekannteren Midjaniter (die noch Jes. 60,6 und Hab. 3,7 erwähnt werden) ersetzt, oder aber es entstand die Variante Midjan, da in der phöniz. Schrift sich die Buchstaben ד und ע sehr ähnlich sehn, durch blosse Verschreibung aus Ma'on (bezw. Ma'în), wie es wol umgekehrt an einigen der vielen Stellen des Alt. Test.'s, wo jetzt Midjan steht, der Fall sein wird.

2) Nämlich dreimal in den spät abgefassten Paralipomena, 2. Chron. 20,1; 26,7 wie 1. Chron. 4,41; da die Königsbücher von dem hier vermeldeten nichts erwähnen, so habe ich die betreffenden drei Stellen oben absichtlich weggelassen, indem ich glaube, dass der Chronist, wie es anderwärts seine Gepflogenheit ist, auch hier alte verschollene Namen als Aufputz verwendet hat. Dasselbe that wol, aber mit berechtigter dichterischer Freiheit, der Verfasser des Buches Iob (2, 11 Sept., vgl. auch Hieron. bei Lag., Mitth. II, 196), wenn er unter den drei Freunden Iobs auch „Zophar, den König der Minäer" (danach wird auch im masor. Text Ma'on herzustellen sein) neben den Königen (bezw. Häuptlingen) von Teimâ und Shûach auftreten lässt; auch Shûach am Euphrat (Sûchu der Keilinschr.) hatte zur Zeit des Dichters (6. Jahrh.) längst (gleich den Minäern) seine politische Rolle ausgespielt, worüber ich schon in meinem Aufsatz über Glasers histor. Ergebnisse in der Beil. z. Allg. Ztg., Nr. 291 (Okt. 1889) gehandelt habe. Uebrigens halte ich مَعِين (Ma'în) nur für die jüngere Aussprache eines älteren مَعُون (dann auch hebr. besser מָעוֹן statt מעוֹן), wozu ich Lagardes „Uebersicht" (1889), S. 41 oben und S. 59 zu berücksichtigen bitte.

so können auch hier kaum andere gemeint sein. Ja Midjan (so liest an der angeführten Stelle Richt. 10,12 die LXX) gibt sich geradezu als eine weitere Bezeichnung dieses alten Araberstammes, wenn man sich aus der Geschichte Joseph's (Gen. 37,25 ff.) der bekannten Erzählung erinnert, wie eine Karawane von Ismaelitern von Gilead, deren Kamele mit *nek'ôt* (die getrockneten rothen Blüthen der طَرْثُوث- oder نَقَاوَى-Pflanze, die auf aram. אנקה heisst, arab. نَكَأَة und نَكْعَة), *ṣerî* (südarab. ضَرْو, nach P. de Lagarde *σιύρας*[1]), vielleicht geradezu eine Weihrauchsorte) und *loṭ* (wol gleich Ladanum, arab. auch لَاَن neben لَادَن, was nach Glaser die Myrrhe ist) beladen waren, bei den Söhnen Jakobs vorbeizieht; eine andere Quelle, Vers 28, der sogen. ältere (nicht vor ca. 700 v. Chr. entstandene) Elohist[2]), fährt nämlich, statt des mehr allgemeinen Ausdrucks Ismaeliter den specielleren Midjan setzend, fort: „da zogen handeltreibende Männer von den Midjanitern vorüber“[3]), was natürlich nur eine Doublette zu dem vorher von den handeltreibenden Ismaelitern erzählten darstellt. Nebenbei sei bemerkt, dass gerade der Name Isma'el in den minäischen Inschriften häufig als Personenname begegnet. Mit den Midjanitern sind gewiss nicht nur die späteren auf die Sinaihalbinsel beschränkten Midjaniter gemeint, sondern der ganze Complex von Stämmen, welche von dem, dem Osten der Sinaihalbinsel gegenüberliegenden Teil der arabischen Küste an bis weit ins Innere

1) Mitth. I (1884), S. 234 f. (und 384), wozu noch die merkwürdige kaum auf Zufall beruhende Analogie nachzutragen, die ich hier in Form einer Proportion geben will: *σιύρας* „Gummiharz“ verhält sich zu *σιύρας* „Lanzenschaft“ wie hebr. בְּדֹלַח (ein Harz) zu dem schon von Oppert zu בְּדֹלַח verglichenen ass. *budilchi* (vgl. meine Gesch. Bab.'s u. Ass.'s, S. 613, Anm. 1) „Lanzen“. Welches ist der Baum, der zugleich Lanzenschäfte und ein wolriechendes Harz liefert? Vielleicht kann Glaser darauf Antwort geben.

2) Die Entstehungszeit dieser Quelle hat P. de Lagarde in die Zeit nach Aufhören der polit. Selbständigkeit des Nordreiches (722 v. Chr.), also rund ca. 700 gesetzt, was durch die Ausführungen G. Steindorff's über den äg. E.-N. Zaphnatpa'neach (Gen. 41, 45) fein bestätigt wird; vgl. darüber Lagarde in den Gött. Nachr. 1889, S. 321 f.

3) Vgl. schon meinen Aufsatz „Ed. Glasers hist. Ergebnisse etc.“ Beil. z. Allg. Zeit. Nr. 291 (Okt.) 1889.

(al-ʿUlay, Taimâ) und nordwärts bis zum Ostjordanland wohnten: deshalb werden auch in einer alte Völkerverhältnisse wiederspiegelnden genealogischen Tabelle (Gen. 25, 1—4 Jahvist. vgl. auch 1. Chron. 1, 33) die Stämme ʿEpha (ass. Ghaïpa, d. i. vielleicht Ghaifa zwischen Mekka und Medina. was, soviel ich weiss, allerdings stets Ghaiḳa, غيقة statt غيفة, geschrieben vorkommt, Sept. *Γαιφαρ* für *Γαιφα*), Epher (Sept. *Ἀφείρ*), Abijadaʿ (in den Inschriften Name mehrerer minäischer Könige!) u. a. von Midjan abgeleitet[1]). Aus all dem angeführten ergibt sich eines als gewiss, dass in der Erinnerung der Hebräer die Minäer schon in den ältesten Zeiten eine Rolle spielten, was uns also für letztere allein schon ins zweite vorchristliche Jahrtausend führt, und dass die Midjaniter entweder geradezu eine Unterabteilung derselben (vielleicht die nordarabischen Minäer überhaupt) oder wenigstens ein grosser von ihnen abhängiger Stamm gewesen sind.

Aber auch aus den Inschriften selbst kann ich jetzt den Beweisen Glasers noch einen weiteren von endgültig entscheidender Bedeutung hinzufügen, nämlich aus der schon von Glaser beigezogenen minäischen Inschrift Hal. 535 (vgl. Skizze, S. 57 f.). Dass hier Miṣr in der Stelle „und Athtar rettete sie (die Stifter der Inschrift) aus der Mitte von Miṣr (بِنْ وَسْطِ مِصْرَ), im Streite (Aufstand, Empörung, مَرْد), welcher stattfand zwischen Madhi (مذى, womit natürlich der sabäische Personenname مذين Derenburg 5 nichts zu thun hat) und Miṣr, und es rettete sie und ihre Habe ʿAthtar unversehrt und heil bis zur Gegend ihrer Stadt Ḳarnâwu" (عد عَرْضِ هَجَرِسُم قرنو), welcher der Satz „und (er rettete sie) aus dem Kriege, welcher stattfand zwischen dem Herrn des Südlandes und dem des Nordens" (وبِن صَرِ كَوْن بيْنَ ذيمنة

---

1) Unmittelbar vorher wird als Bruderstamm Midjans (zw. Jokshan und Midjan) Medan aufgeführt (Sept. Tischend. *τὸν Ἰεξὰν καὶ τὸν Μαδὰλ καὶ τὸν Μαδιὰμ*, Lucian ed Lagarde: *τὸν Ἰεκτὰν καὶ τὸν Μαδὰν καὶ τὸν Μαδιαμ*). Entweder ist dies eine Var. von Midjan, die nur beweisen würde, dass Midjan eine speciell südarab. Nominalbildung (wie Himjar von חמר) ist, oder es dürfte (vgl. das oben bemerkte) eine Verschreibung aus מען (d. i. Maʿûn) vorliegen.

وذشامة) vorhergieng, wirklich Aegypten und nichts anderes bedeutet, bin ich im Stande, auch noch durch einen weiteren Umstand zu beweisen, und zwar so, dass kein Zweifel mehr sein kann, es sei die Zeit der Machtausdehnung Aegyptens in der Zeit von der Austreibung der Hyksos bis etwa zum Auszug (19. Dyn.), das wäre also ca. 1600—1250 v. Chr., in Aussicht genommen. Am Schluss der Inschrift nämlich heisst es: „und es stellten ʿAmmiṣadiḳ[1]) und Saʿd (die schon zu Anfang genannten Stifter) und Maʿin von Miṣrân (ومَعن مِصْرن) ihre Weihungen und Inschriften in den Schutz der Götter von Maʿin und Jathil und des Königs von Maʿîn und M[adhi?] vor jedem der wegnehmen und zerstören lässt ihre Inschriften von ihrem Platz". Dazu ist zu vergleichen die kurze minäische, ebenfalls aus Barâḳish (wahrscheinlich Jathil) stammende einzeilige Inschrift, Hal. 578, wo es heisst: „Miṣrân und Maʿin von Miṣrân . . . . mit dem Gewässer von ihnen beiden". بِمَهِسْمَن . . . . مِصْرنْ و مَعنْ مِصْرنَ, wonach also neben Maʿin schlechthin noch ein ägyptisches Maʿîn bezeugt ist. Darunter möchte ich die minäischen Colonien in Nordarabien als die Aegypten gegenüberliegenden oder specieller die Sinaihalbinsel[2]) verstehen, während Glaser, als ich ihm am 20. Dec. 1889 diesen meinen Fund mitteilte[3]), sofort noch weiter gieng, indem

1) Geschr. عمصدق: dass hier عَمّ nicht als „Volk" (so D. H. Müller bei Mühlau und Volck s. v. עַמִּיאֵל) sondern als „Oheim" zu fassen, lehren die Namen خلكرب (d. i. *khâlikariba*) und ددكرب (zu دد „Oheim" vgl. Hal. 353, 1), weshalb zu erwägen ist, ob nicht auch hebr. Namen wie עַמִּינָדָב etc. ähnlich zu erklären sind.

2) *Miṣrân* wäre dann allg. die Sinaihalbinsel als „ägyptische" Provinz, *Maʿînu Miṣrân* das Gebiet derselben, welches die Minäer den Aegyptern streitig machten oder besser welches letzteren von vornherein nicht gehört hat.

3) Bei dieser Mittheilung an Glaser war meinerseits von der etwaigen Zeit, in welche nun die Inschrift fallen könnte, nicht die Rede; andrerseits kam ich am Tag darauf auf Tʿar und Aʾshûr nicht durch Glasers Vermuthung vom Ende der Hyksoszeit, die ich ja anfangs gar nicht annahm, sondern durch die mich gerade in jenen Tagen beschäftigende und fesselnde

er geradezu ägyptische Minäer darunter gemeint wissen wollte und nur die Zeit der Hyksos[1]), unter deren arabischen Kohorten er schon vorher Minäer vermutet hatte, als die nach seiner Ansicht hier allein in Betracht kommende bezeichnete: unter dem „beiden angehörenden Gewässer“[2]) verstehe ich das rote Meer. Eine weitere Erwägung zeigt, dass in der That nur zwischen der Sinaihalbinsel und etwa dem Lande Gosen selbst die Wahl sein kann; die genannten Stifter der Inschrift haben nämlich den Titel „die beiden Grossen (bezw. Fürsten) von صر und von أأشر und des Ufergeländes des Stromes“[3]), worin nach der Analogie anderer Stellen (vgl. z. B. das oft begegnende كَبِرْ يثل Fürst oder Statthalter von Jathil) Orts- oder Gebietsnamen stecken müssen. An Tyrus (צוֹר) und Assur (אַשּׁוּר) ist trotz des durch die neugefundene Correspondenz des Assyrerkönigs Assur-uballit (ca. 1400 v. Chr.) und vieler palästinensischer Fürsten mit dem Pharao Amenophis schon deshalb nicht zu denken, weil Minäer als (etwa von den Aegyptern eingesetzte) Statthalter von Assyrien und Tyrus historisch unmöglich sind; aber wir brauchen nicht so weit zu gehen, sondern finden in nächster Nähe sowol Aegyptens wie Arabiens, gerade an der Landenge von Suez, das gewünschte. Dort lag die

Lectüre von Ebers' Josua, wo bekanntlich soviel von den zwischen Aegypten und der Sinaihalbinsel aufgeführten Befestigungswerken (wenn auch das mir von früher her bekannte T'ar nicht ausdrücklich darin genannt wird) die Rede ist.

1) Bezw. den ersten Pharao nach deren Austreibung, das wäre aber Ahmose (spr. wie Achmose) c. 1570 ff. vor Chr. Das Datum ist jetzt dadurch annäherungsweise zu gewinnen, dass wir nun endlich durch des Wiener Astronomen und Chronologen Ed. Mahler Berechnungen die sicheren Daten für Dechutmose III. (1503—1449) und Ramses II. (1348—1285 v. Chr.) bekommen haben.

2) Schon J. H. Mordtmann hat hier in dieser Stelle das Dualsuffix erkannt (ZDMG 33, 493) und „Massiran und Me'în . . . . mit ihrer beiden Gewässern“ übersetzt; auch Müller hat sich (Krit. Beitr., S. 6) mit derselben beschäftigt, ohne weiter zu sehn.

3) Oder „das jenseitige Ufer des Stromes“? (vgl. hebr. עֵבֶר הַנָּהָר), nur dass hier nicht der Euphrat (trotz des zufällig an Assur anklingenden אַשּׁוּר) sondern entweder der Nil oder besser das rote Meer, bezw. der bei T'ar vorbei und ins rote Meer fliessende Kanal gemeint ist.

in jener Zeit von den ägyptischen Inschriften oft genannte Grenzveste *T'ar* (das ist die genaue äg. Wiedergabe eines semit. صر, צר). Man vergleiche, was über dieselbe A. Erman (Aegypten, S. 50) sagt: „Auch in militärischer Hinsicht war die Landenge von Suez von hoher Bedeutung, und wahrscheinlich hat man sie schon sehr früh mit Befestigungen versehen: hier muss die als Ausgangspunkt der syrischen Kriegszüge oft genannte grosse Festung *T'aru* gelegen haben", und an einer anderen Stelle (S. 708) spricht der gleiche hervorragende Gelehrte von den Befestigungswerken, die die Beduinen vom Delta abhalten sollten, nämlich erstens von der bekannten „Mauer Aegyptens" [1]) und zweitens von einem „breiten Kanal, der vermutlich die Seen der Landenge unter einander verband; an der Stelle, wo eine Brücke über ihn führte, lagen beiderseits starke Festungswerke, und auch weiterhin waren die einzelnen Brunnenstationen der Wüstenstrasse auf der syrischen Seite mit kleinen Forts versehen; die Festung aber, die jene Brücke verteidigte, war die Festung *T'aru*, die so oft genannte Ausgangsstation der Kriegszüge".

Zu dem anderen Namen الشر (אשׁר) aber, welcher sich der Form nach sofort als innerer Plural eines Volksnamens اشر giebt (vgl. z. B. احمر d. i. أحمور „die Himjaren" und zu solcher bei südarabischen Stammesnamen gewöhnlicher Pluralbildung Glaser, Mitth., S. 64 f.) ist zu vergleichen das auf den ägyptischen Inschriften als Gebiet der *Men* oder Mentiu („jenes Fremdvolkes, welches einst Aegypten beherrschte, bis es von den thebanischen Königen endlich wieder zum Land hinausgejagt ward" Brugsch, Geschichte Aegyptens, S. 218) genannte Land Asher, was unmöglich Assyrien bedeuten kann [2]), welches die ägyptischen Inschriften vielmehr

1) So verlockend es ist, das bekannte שׁוּר so (als Appellativum) zu erklären, so möchte ich es doch lieber als volkstümliche (vielleicht dabei an שׁוּר „Mauer" denkende) Verkürzung eines volleren אשׁור (und damit mit unserm A'shûr im Norden der Sinaihalbinsel für identisch) halten.

2) So irrig Brugsch, Die altägypt. Völkertafel (Verh. des Berliner Orientalisten-Congresses, Afrik. Section), S. 74. Noch ist anzuführen, dass in der Inschrift von Kanopus das hieroglyphische „die Rutennu (Syrer, Semiten) des Ostens" demotisch durch „das Gebiet von Ashr" übertragen wird (Brugsch, a. a. O.), worin gewiss eine in diesem späten Dokument begreifliche unrichtige Verallgemeinerung liegt.

Assur (mit *s*, so passim in den Tributlisten des Dehutmose III.) schreiben, sondern vielmehr mit unserem *A'shûr* (pl. von *Ashr*) und dem hebr. *Ashûrîm*, Sohn Dedans, Gen. 25, 3, zu identificieren ist[1]), und einen Teil der Sinaihalbinsel, und zwar wol den nördlichen am Mittelmeer gelegenen, bewohnte. Der Name des Volkes der *Men* aber dürfte sodann kaum vom ägyptischen Worte *men* „Bergland“ abzuleiten, sondern vielmehr als Versuch zu betrachten sein, *Ma'ûn*, bezw. *Ma'în*, ägyptisch wiederzugeben. Dass die *Mentiu* (das *-u* ist die Pluralendung, das *-ti* enthält die von den Aegyptern stets den Völkernamen angehängte Feminin-endung mit der sog. Nisbenbildung *-i*) schon in uralter Zeit mit der Sinaihalbinsel verbunden erscheinen, zeigt das auf derselben (im Wâdi Maghâra) aufgefundene „Relief mit Inschrift“ des Pyramidenerbauers Snofru (Ed. Meyers Gesch. Aegyptens, S. 103), „auf dem er dargestellt ist, wie er die Mentiu, die räuberischen Beduinen, niederschlägt“. Aber auch angenommen, es wäre *Men* (in *Men-ti*) und *Ma'ûn* (bezw. *Ma'în*, was ja thatsächlich später von den Griechen durch *Μιναῖοι* wiedergegeben wird) trotz der nachgewiesenen gegenseitigen Beziehungen der Minäer und Aegypter nur trügerischer Gleichklang[2]), so beweisen allein die Namen *T'ar* und *A'shûr* der Inschrift Hal. 535 unwiderleglich, dass schon um die Mitte des 2. vorchristl. Jahrtausends minäische (arabische) Fürsten, nämlich die oben genannten 'Ammî-ṣadiķa, Sohn des Ḥama-Atht, von Jaf'ân, und Sa'd, Sohn des 'Alî, von Daflân eine Zeitlang (vielleicht nicht mehr bei Abfassung der Inschrift) Fürsten oder Aufseher der ägyptisch-arabischen Grenzveste T'ar und des benachbarten Gebietes der Ashr gewesen sind. Der betreffende minäische König, unter dem dies berichtet wird, hiess Abî-jada'

1) In Gen. 25, 18 (Jahvist) halte ich den verderbten Schluss ... עַל־פְּנֵי בֹּאֲכָה אַשּׁוּרָה für eine erklärende Glosse des vorhergehnden damit ganz parallelen עַד שׁוּר אֲשֶׁר עַל־פְּנֵי מִצְרַיִם (vgl. dazu das oben zu שׁוּר bemerkte). Dagegen ist 2. Sam. 2, 9 gewiss גְּשׁוּרִי statt אַשּׁוּרִי herzustellen (vgl. Stades Gesch., S. 260), eher umgekehrt 1. Sam. 27, 8 גְּשׁוּרִי in unser אַשּׁוּרִי zu ändern.

2) Ich erinnere daran, dass *Men* (geschr. *Mn*) ebensogut (vgl. *nfr*, kopt. *nofer*) *Man* gelautet haben kann und dann nach *Ma'ûn* gebildet wäre wie später *Mιν* in *Μιναῖοι* aus Ma'în, so dass also (wir haben es ja mit einem Lehnwort zu thun) lautlich der Identification nichts im Wege stünde.

(vgl. Gen. 25, 4) Jathi'. Eine glänzendere Bestätigung seiner Aufstellungen über die Minäer, die Vorgänger der Sabäer in der südarabischen Königsherrschaft, aber hätte Ed. Glaser sich wol kaum wünschen können, als sie jetzt durch die Herbeiziehung der ägyptischen Inschriften und die dazu kommenden alttestamentlichen Notizen erreicht worden ist; wenn ferner Glaser schon in seiner Skizze (S. 55, vgl. dazu auch S. 73) bis auf ca. 2000 v. Chr. als den mutmasslichen und wahrscheinlichen Anfang der Herrschaft der uns aus Inschriften bekannten Minäerkönige zurückgieng, so scheint sich auch hier seine manchen Fachgenossen vielleicht anfangs allzukühn vorkommende Annahme durchaus bestätigen zu sollen. Denn ich selbst, der ich für wirklich erwiesen zunächst nur ein Zurückführen der ältesten Inschriften auf die Zeit rund 1500 v. Chr. halten möchte[1], muss doch jetzt zugeben, dass der Besitz der Grenzveste *T'ar*, die gewiss schon in der Hyksoszeit erbaut worden ist, von Seite minäischer Edler, weit erklärlicher eben während der Herrschaft der Hyksos ist, zumal wenn die Mentiu (d. h. die Bewohner des Gebietes von Men-t) wirklich mit den Minäern auch dem Namen nach identisch wären[2], als nachher, wo dieselbe stets in den Händen der Aegypter sich befand[3].

1) Dies „halten möchte" (so schrieb ich am 21. Dec. 1889 nieder) ändere ich jetzt (Jan. 1890) zuversichtlich in „gehalten habe", da mir, je länger ich drüber nachdenke, mit Glaser das Ende der Hyksoszeit (und dann für Abfassung von Hal. 535 der Anf. der 18. Dyn.) als das einzig in Betracht kommende erscheint.

2) In der That findet sich in den Denkmälern *Mentiu setet* d. h. „die Men des Wüstengebirgs" für die Hyksos, während der aus Manetho geläufige Name Hyksos oder besser Hykusos „Fürsten der Shasu" (d. i. der Beduinen, welcher Name im neuen Reich für den im alten geläufigen *Menti* gewöhnlich gebraucht wird) bedeutet; vgl. Ed. Meyer, Gesch. Aegyptens, S. 205. Auf das gleiche Buch S. 136 verweise ich als interessante Analogie zu dem oben aus unserer minäischen Inschrift berichteten; danach hat sich schon unter Pepi (6. Dyn.) aus Scharmützeln auf der Sinaihalbinsel ein Krieg gegen die halbsesshaften Beduinen im Süden Kanaans (d. i. eben in Edom), die Heru-sha'a (vgl. auch meine „Semiten" I, S 105 f.) entwickelt.

3) Zum Schluss dieser ganzen Auseinandersetzung sei noch erwähnt, dass es Glaser in seiner Skizze (S. 57 ff.) bei Besprechung der Inschrift Hal. 535 in erster Linie darauf ankam, die in derselben sich findende Erwähnung von „Saba und Khaulân", die seiner Zeit Müller irrig als Beweis

Dass diese Resultate die ebenfalls minäischen in Nordarabien gefundenen Inschriften Euting's in einem ganz neuen Lichte erscheinen lassen, ist selbstverständlich. Obwol ich am liebsten gleich zu meiner Nachlese von Wort- und Sacherklärungen dieser nun so wichtig gewordenen Texte übergienge, kann ich mir, zumal im Hinblick auf Glasers auch hier grundlegende „Skizze", doch nicht versagen, kurz darauf hinzuweisen, was von anderer Seite mit denselben angefangen und wie versucht wurde, sie in den Rahmen der vorislamischen und weiter vorchristlichen Geschichte Arabiens einzufügen. „Das Alter dieser Inschriften genau zu bestimmen, ist nicht möglich, man darf aber vermuten, dass sie etwas jünger als die ältern sabäischen Inschriften [anderwärts um Sargons Zeit, also ins 8. vorchristliche Jahrhundert gesetzt, vgl. Müllers Burgen und Schlösser, Heft II], also etwa in die Zeit nach Sargon [das wäre, da Sargon 721—705 regierte, etwa vom Anfang des 7. Jahrhunderts bis Ende des 6., also ca. sechshundert vor Chr. statt ca. sechzehnhundert!] zu setzen sind", heisst es Epigr. Denkm., S. 3. Vorher war richtig bemerkt worden, dass den in den betreffenden Inschriften vorkommenden Königsnamen nach (vgl. noch S. 35 der citierten Abhandlung ausführlicher) die minäische Kolonie von el-Öla etwa 180 Jahre geblüht haben müsse; unmittelbar nach dem angeführten Satz wird dann der Grund gebracht, warum man in die Zeit nach Sargon zu gehen habe, weil nämlich „in der Sargoninschrift wol der König der Sabäer Jataʿamar, aber kein Minäer erwähnt wird", was es wahrscheinlich mache, dass zur Zeit Sargons die Minäer als selbstständige Macht noch nicht so weit nördlich vorgedrungen waren. Ausserdem werden wir noch auf die Stelle Eut. 57, 5 (in den Epigr. Denkm. No. XXV, 5, nicht XXVII, 5) aufmerksam gemacht.

für die Gleichzeitigkeit der minäischen und sabäischen Reiche ins Feld geführt hatte, richtig zu erklären, indem hier Saba und Khaulân deutlich noch zwei Raubstämme (wie anderwärts Saba und Gaww) ohne staatliche Organisation bezw. politische Selbstständigkeit sind. Das Vorkommen von Aegypten und Edom (was bis dahin noch jedem Erklärer der Inschrift entgangen war) wurde nebenher constatirt, aber vorerst keine chronologischen Schlüsse draus gezogen. Die für die ganze arabische Sprach- und Altertumsforschung folgenschwere Thatsache vom hohen Alter der Minäer hat Glaser auf ganz anderem Wege eruirt.

wo „Adbaju, die Königin dieser Stadt“[1]) steht, da ja auch bei Tiglatpileser III. (744–727 v. Chr.) und Sargon eine Zabibi und eine Samsi, beide Königinnen von Arabien, erwähnt werden[2]). Doch da die Assyrer unter Tigl. III. überhaupt zum erstenmale mit Arabien in Berührung treten, so beweist letztere Aufführung nur, dass im achten Jahrhundert es noch Königinnen in nordarabischen Gemeinwesen gab, wie das selbstverständlich schon lange vorher (vgl. nur als Analogie die Königin von Saba bei Salomo in der hier gewiss kaum aus der Luft gegriffenen hebr. Tradition) der Fall gewesen sein konnte; und die Nichterwähnung der nördlichen Minäer bei Tiglatpileser und Sargon beweist im Gegenteil nur, dass dieselben eine politische Rolle dazumal nicht mehr (statt, wie falsch geschlossen wurde, noch nicht) spielten, da ja auch im alten Testament und in den Keilinschriften nach Sargon ihrer keine Erwähnung gethan wird, während dies doch mit andern nordarabischen Stämmen geschieht — ein Argument, das bereits Glaser in seiner Skizze noch vor dem Erscheinen der „Epigr. Denkm.“ beigebracht und hinreichend betont hat.

1) Aus einer Vergleichung der Namensformen אדבי einer- und *Samsi* (auch *Samsê* lesbar) andrerseits scheint sich zu ergeben, dass die Form فَعّلَى dieser Namen nicht wie im späteren Nordarabisch in فَعْلَى, *fa'lá*, sondern in فَعْلَى (*fa'lai*, *fa'lê*) contrahirt wurde. *Zabibi* erinnert an den Namen *Zabbâ'u* (s. Fleischer Hist. anteisl., p. 225), ist aber vielleicht nur ein Versuch assyrischerseits, ein *Zabbaju*, *Zabbê* (زَبّى) wiederzugeben.

2) Eut. 55, 2 ist die Uebersetzung „Platform und Anbau der Sam(s)i, der Fürstin ....“, minäisch .... ذكب ذشمسى وصلوتن [صح]فتن, durch die andere „die Warte (od. Platform) und die Kapelle Dhû-Shamsaj (od. Dhû-Shamsi), die (masc., also auf die Kapelle und nicht auf Shamsaju, was übrigens O. N. sein wird) des (oder der) *kab* .... (viell. *kabiri* + Stadtname)“ zu ersetzen. Man lässt deshalb am besten diese Stelle aus der historischen Betrachtung weg; ein Tempelname Dhû-Shamsaj kann natürlich an und für sich in sehr alte, wie auch in jüngere Zeit gehören. An- oder Nebenbau ist eine beliebte Uebersetzung für bisher unverstandene Bauausdrücke: vgl. E. Glaser, Mitth., S. 86 (zu مسود). Ich fasse (ähnlich wie es Glaser mit مكرب *mikráb* und مسود *miswád* gethan) صلوة als „Gebet“ und dann concret „Gebetsort, Kapelle“.

Um nun auf die Inschriften selbst zu sprechen zu kommen, so ist zunächst lebhaft zu beklagen, dass die Abklatsche sowol der minäischen, mit denen ich mich zunächst zu beschäftigen habe, als auch die der lichjanischen, nur in einfacher photographischer Wiedergabe vervielfältigt worden sind. Fast möchte man glauben, dass die dahin gehenden Worte S. 6 (unten) der Epigr. Denkm. „die Reproduktionen der Abklatsche auf photo-mechanischem Wege ohne jede Beihülfe eines Zeichners oder einer Retouche, so dass man auch ihnen die Worte vorsetzen kann: sol ipse solus etc.“ nur den Anschein erwecken sollen, als wäre es wunder was für eine Leistung gewesen, so schwierig aussehende Texte zu entziffern, während es doch mit den Abklatschen selbst in der Hand verhältnismässig leicht ist, das meiste sicher zu lesen. Lehrreich und treffend sind in dieser Hinsicht die Worte Euting's in der ausgezeichneten Ausgabe seiner nabatäischen Inschriften auf S. 5: „Von den grösseren Inschriften habe ich Abklatsche genommen, und diese letzteren nach meiner Rückkehr vorsichtig mit Bleistift geschwärzt, um das Bild der Schriftzüge, soweit es sich überhaupt begränzen liess, festzuhalten und deutlicher hervortreten zu lassen; denn ein Papierabdruck von schlechterhaltenen Inschriften oder ein aus anderen Gründen mangelhaft gebliebener Abklatsch, kann ohne Schwärzung mit Erfolg zwar noch von demjenigen gebraucht werden, welcher ihn in natura mit den Händen drehen und mit Hilfe des wechselnden Lichtes und Schattens verschieden beleuchten kann, hat aber in der todten Wiedergabe einer einseitigen Beleuchtung, einen äusserst zweifelhaften Wert“[1]). Unter solchen Umständen wäre eine lithographische Reproduktion gleich der in Mordtmanns und Müllers sabäischen Denkmälern weit besser gewesen; das von Müller durch das blosse Photographieren der Abklatsche angerichtete Unheil, wodurch er an zahlreichen fraglichen Stellen jede Controle von Seite der Fachgenossen von vornherein unmöglich machte, ist nur dadurch gutzumachen, dass Euting seine Abklatsche

1) Die Hervorhebung ist von mir. Auch ist noch zu betonen, dass die nabatäischen Inschriften Eutings eher noch besser erhalten waren als seine minäischen und lichjanischen, Müller also sich nicht etwa mit den Worten „ja, bei den nabatäischen war das notwendig, bei den min. und lichj. aber nicht“ hinausreden kann.

bei einer leicht zugänglichen wissenschaftlichen Anstalt deponirt und sie so nachträglich jedem dafür interessierten Forscher zugänglich werden lässt.

Nun erst kann ich an meine oben versprochene Nachlese und damit an die Inschriften selbst gehn.

Zu dem öfter in minäischen Texten (und so auch gleich in Eut. Nr. 3) wiederkehrenden Worte هنم (hier Genitiv كُلّ هنمجم. *kullu hainami*^{m}) ist gewiss nicht das arabische عَنَمْ „Datteln“ zu vergleichen, sondern vielmehr das südarabische عَيْنَمْ „Baumwolle“ und dazu äth. *anama* „weben“ (vgl. umgekehrt äth. *hajal* „Bergbock“, arab. *ijjal*, oder andrerseits minäisch هن „dass“, هم „wenn“ und arab. أَن, hebr. אם), so dass es also, was überall trefflich passt, etwas wie „Teppiche“, bezw. „Prachtgewänder“ heisst. Ich will auch verraten, wie man unter Umständen leicht herausbringt, ob ein bei Freytag stehendes Wort als südarabisch zu gelten in Verdacht kommen und sodann oft mit Erfolg für die Aufhellung eines homeritischen[1]) verwendet werden kann. Es hat nämlich Fîrôzabâdî (8. Jahrh. d. Fl.) in seinen Kâmûs eine grosse Menge südarabischen Sprachgutes, leider allerdings weniger der Gebirgssprache, sondern der Tihâma, vor allem von Zebîd und Umgegend, aufgenommen[2]); wo nun die grossen Lexika wie z. B. der Lisân al-ʿArab (LA) ein Wort, bezw. eine Bedeutung, nicht aufführen, der Kâmûs aber dasselbe hat, so ist von vornherein anzunehmen, dass es zu diesen Zebîd-Vokabeln gehört. So ist es auch mit unserm عَيْنَمْ „Baumwolle“.

1) Dieser von P. de Lagarde gebrauchte Ausdruck scheint mir bequem, da wo man die Sprache der südarabischen Inschriften im allg., ohne entweder direkt minäisch oder sabäisch oder hadramautisch zu meinen, bezeichnen will. Richtiger allerdings wäre minäo-sabäisch (vgl. babyl.-assyrisch), da ja, wie Glaser nachgewiesen, das eigentl. homeritische oder himjarische der uns noch unbekannte (viell. dem hadhram. und dem Geʿez näher stehnde) Dialekt eines engbegrenzten und genau bestimmbaren Landstriches ist.

2) Ed. Glaser, Von Hodeida nach Sanʿâ (Petermann's Mitth., Bd. 32, 1886), S. 7.

Zum Eigennamen سعد ist Hal. 535, 1 und 23 einerseits, und die gleiche Inschrift Z. 21 andrerseits anzuführen: im einen Fall steht سَعْد (ohne Mimation), der Name des zweiten Stifters der Inschrift (siehe oben S. 9), im andern aber سَعْدُم, wo auch in der That eine andere Person, wahrscheinlich der Eponym des betreffenden Jahres oder sonst ein hoher Beamter in Aussicht genommen ist. Allerdings haben die minäischen Eigennamen den sabäischen gegenüber auffallend selten die Mimation, was aber keine „Einbusse“ ist, sondern die Altertümlichkeit darstellt, da ja von Haus aus jeder Eigenname schon an und für sich determiniert ist. So sagt z. B. der Babylonier *Shamash*, wenn er die Sonne (*shamshu*) als Gottheit fasst, *Ti'âmat*, wenn er das Meer (*ti'âmtu*) personificiert, und ebenso der Araber أُسَامَةُ, wenn er den Löwen als persönlichen Vertreter seiner Gattung (vgl. in der deutschen Thiersage Nobel, Isegrim etc.) hinstellt[1]; d. h. von beiden Völkern wird die kürzeste Nominalform, die des Status constructus, gerade für Eigennamen gewählt (d. i. aber im babyl.-assyr. die apocopierte, im arabischen die der sogen. Diptota), was also in Zusammenhalt mit der oben für das minäische belegten ähnlichen Erscheinung interessante Schlüsse für die älteste Zeit machen lässt. — In einigen Fällen könnte man auch an eine orthographische Eigentümlichkeit, deren ja das minäische mehrere aufweist, denken, so z. B. beim Namen Me'in's, der bald معن, bald معنم geschrieben begegnet, falls hier nicht ein Schwanken in der Sprache selbst vorliegt, so dass man neben dem ursprünglichen مَعِن auch schon gelegentlich مَعِنُم gesagt hätte.

Fast unglaublich erscheint, was in der Uebersetzung und Erklärung von Eut. 3, Z. 5 (und anderwärts in den minäischen Inschriften von el-Öla) den Semitisten zugemutet wird (S. 21 und dazu S. 22 unten, ferner S. 33, 38, 40 u. 47 der Epigr. Denkm.): da soll nämlich in der Phrase „und er liess sich angelegen sein

1) Gewiss gehört hieher auch der Umstand, dass das Perfect, bezw. der durch die 3. sing. dargestellte Nominalsatz, in den westsemitischen Sprachen *kabila*, im babyl.-assyrischen *kabil* lautete.

(so wird وَهَمَّ لِهِمِ ansprechend erklärt) seine احل (defective Schreibung für احلى, bezw. أَحْلَاى, pl. von حلى, wie ähnliche Schreibungen ja oft im minäischen begegnen, z. B. يَحِمِيإل = يحمإل, حَمَيإل = حمإل) [und] die احلى (hier also mit ى am Schluss!) = aḥlâja) [seiner?] Knecht[e]", oder in der anderen بِأَحْلى هنأ وقنيهس „bei (oder von) den aḥlâj des Hâni' und seinem Vieh etc." (S. 33) oder in أَحْلِ عمرتع (ebenfalls gleich احلاى عمرتع) oder endlich in . . . . . . واحلى (für أَحْلَايَسُم) كُلّ مَهن يُصَعِقُ أَحْلسم „jeder, der zerschlägt ihre *aḥlâj* und die *aḥlâj* [ihrer . . . . . .]" als eine besondere Eigentümlichkeit dieser Inschriften das bekannte mit ganz anderem Hauchlaute geschriebene Wort أَهْل „Familie" vorliegen! Ich glaube, dass es nicht nötig ist, eine solche Aufstellung noch besonders zu widerlegen, muss dagegen einer aus derselben weiter gezogenen irrigen Consequenz einen eigenen Exkurs widmen, nämlich dem dann natürlich als Zeichen des Pluralis sanus oder gar des Gen. Sing. (also eines kurzen *i*!) aufgefassten ى in dem Worte احلى, nach Müller in den obigen Beispielen entweder gleich أَهْلِى, st. c. von أَهْلِين, oder aber gleich أَهْلِ. Denn der genannte Gelehrte hat schon öfter, wo er eine Stelle nicht recht verstanden hatte, ein das Wort schliessendes ى auf derartige Weise erklären wollen.

Wie ich in folgendem zeigen werde, ist in diesen Fällen — es handelt sich noch um den vermeintlichen Gen. Singul. ثورثى *tawarruṯî* in Gl. 302, d. i. der von Müller in den Berl. Ak.-Ber. behandelten Hadakân-Inschrift, und um den weiteren vermeintlichen Gen. Sing. بعلى in Hal. 630 + 631, Z. 6 (im Comm. zur Hadak.-Inschr.) — das ى anders zu erklären und Müllers Auffassung schon aus grammatischen Gründen ganz unmöglich. In Gl. 302 ist zu übersetzen „und das Vieh (قِنْىِ) und die Weideländereien und die Ufergelände und die Häuser und Ländereien, welche sie beide erbten (*tawarratai*. 3. Dual von تورّث!) von ihrem beiderseitigen Ahnen (ابهمى) Sumhû-afak (ein Name wie جاع تملة Hudh. Nr. 224, Einl.)" und in Hal. 630 + 631 liegt einfach die zusammengesetzte Präposition بعلى = ب + على[1]) „über" vor, so dass zu übersetzen ist „am Tage, da sie Jadaʿ-ab beorderte zur Aufsicht (يَوْمَ شَيَّمَهُمُوُ) über Kâtil und den Bau des Tempels der Göttin Dhât-Himaj" (ebenso auch Hal. 628—632) statt „am Tage ihres Patrones J., des Herrn von K. etc.". Und oben an unserer Stelle ist احلى Plural des Sing. حلى, was wol kaum etwas anderes als „Schmucksachen", wie sie ja in Weihinschriften nur erwartet werden, sein dürfte; an anderen Stellen bedeutet احلى die „Ausschmückungen, Zieraten" (z. B. des Daches) oder ähnliches[2]). Ueberhaupt scheint Müller mit den Buchstaben و und ى im Homeritischen Unglück zu haben: so fasst er Gl. 302 سمعى in ملك سمعى als Nisbe (für سمعيم, da er vom „Wegfall der Mimation" redet), während es doch nur سَمْعَى (abgeleitet von سمع, wie der Stamm heisst) sein kann[3]), und da, wo er von der Gen.-Endung in dem von ihm ganz misverstandenen بعلى als einer „Thatsache von grosser Tragweite" für die sabäische Grammatik spricht, citiert er die Formel اولدم أذكروم هنأم (statt des gewöhnlicheren اولدم اذكرم „männliche Kinder"), worin er das و als Nom.-Zeichen, mater lectionis, aber hier in misbräuchlicher Verwendung für den

---

1) Dass auch im min.-sab. على vor Suffixen die arabische Plural-Form عَلَىّ gehabt (Lagarde, Mitth. I, 232, zuletzt Uebersicht S. 159 ff., wozu als Analogie noch حَوَالَيْهِ ,حَوْلَيْهِ Muf. 39, 4 und bes. أَحْوَالَهُ neben حَوْلَهُ hinzuzufügen), lehren Beispiele wie بِنْ تَحَتَىْ (mit folg. Gen.) „unter", بِقَدْمَىّ „vor", zumal wenn man ähnliche Fälle im äthiopischen (*emnê-ka* „von dir", *taḥtê-ka* etc. etc.) in Betracht zieht.

2) Dagegen ist احلى Hal. 353, 7 (4 und 8 (4) folg. wie احمر (= *aḥmür*) von *Ḥimjar* aufzufassen, also: „die Ḥalijiten".

3) Vgl. Praetorius in Glaser's Mitth., S. 12.

Accusativ, erklärt, statt darin das allein richtige أَذْكَرَاوَم (in früherer Zeit أَذْكَرَاوَ ohne Mimation, vgl. minäisch واطبنوسم *wa-aṭbināwa-sumū* „und ihre Räte" Hal. 520, 20 und 521, 1; nordarabisch أَفْعِلَاءُ, wo man zur Hamzierung افتراء von فرو oder شتاء neben שְׁתָיִן bezw. ‏כתיי vgl.) erkannt zu haben[1]), wie er andrerseits die häufig vorkommenden Formen فعولة und فعيل (bezw. auch فعيلة) trotz Prätorius (in dessen Rec. von Glasers Mitth. in Kuhns Lit.-Bl.) immer noch als فَعُولَة und فَعِيل (bezw. فَعِيلَة, oder gar ضبيا als ضَبَايَا statt ضَبَايِئُ) statt des einzig möglichen فَعَاوِلَة (urspr. Plural von فَوْعَل, vgl. جَدْوَل, Pl. جَدَاوِل) und فَعَايِل (nordarab. فَعَائِل, urspr. Plural von فَعْيَل) auffasst[2]). Ein فعيل z. B ist im min.-sab. nur entweder فُعَيْل oder فَعْيَل (z. B. حِمْيَر) oder فَعَايِل, aber nie فَعِيل, welch letzteres فعل (von mir in diesem Falle فَعِل vocalisiert) geschrieben würde; nur in einsilbigen Wörtern kann ī auch durch ي (z. B. سِين) ausgedrückt werden.

Ich gehe weiter zum Commentar von Euting 9 (bei Müller Nr. IV). Die durch die drei neuen Vokabeln interessante Zeile

1) Vgl. صنعو = صَنْعَاءُ in der in Glaser's Skizze S. 81 erwähnten Inschrift Gl. 124, ferner قَرْنَو (Müller falsch *Karnā*) u. a. ähnliche Fälle. Dass auch واطبنوسم (und damit auch اذكروم) so wie صنعو aufzufassen und also die Pluralform أَفْعِلَاءُ darstellt, hat Glaser scharfsinnig erkannt.

2) Wenn Müller durch sein بَعْلِي = بَعَل die Existenz von Casusendungen für den Sing. erwiesen zu haben glaubte, so genügte zu einem solchen Erweis schon vollständig die von ihm allerdings bis heute verkannte Thatsache der Anwendung des ه im minäischen zur Bezeichnung eines *i* (seltner auch eines *a*), meist zwischen Stamm und Suffix, worüber weiter unten noch gesprochen werden muss (vgl. z. B. ببيته ود *bi-baiti Wadd* oder ببيتهسو *bi-baiti-sū*).

سرحهتم وكل زيمم وفلوهم scheint mir von Müller richtig erklärt; zu سُرُح „schnelle Kamelin" vergl. ausser Ham. 797, 2 (Säugeth. S. 172) noch al-A'shâ, ed. Sacy, Vers 35: زِيَم heisst ursprünglich „in verschiedene Teile geteilt" (so bes. vom Fleisch, z. B. Zuh. 17, 16), dann erst „Herde", während فِلْو „Füllen" (z. B. فِلَاءُ الخَيْل Labîd 46, 5, أَفْلَاءَها Zuh. 17, 17) im nordarabischen gewöhnlich von Pferden gebraucht wird¹). Bei dem dunkeln خوهتسم (das ه scheint hier wie in سرحهتم ein langes *a* zu bezeichnen) könnte man an äth. حو „Feuer" denken, wo dann allerdings (wie öfter im äth.) ungenaue Orthographie statt خو vorläge. — Bei سلمة „Stein" wäre zu erwähnen gewesen, dass schon Gauhari (was auch Freytag erwähnt) dies Wort als himjarisch erklärt, nachdem er aus einem Vers يامْسَهْم وَامْسَلِمَةْ (mit südarab. Artikel *m* statt *l*, vgl. dazu Maltzan, ZDMG. 27, S. 245 u. Anm. 1, wo der gleiche Vers aus Lane citiert wird) anführt; allerdings stellt sich bei näherem Zusehn heraus, dass der Vers (vgl. Ḫiz. al-Adab, 1, 464, Hâmish) von Bugair ibn Ghanama vom Stamm Baulân ist, aber Baulân gehört zu Ṭai und letztere sind urspr. aus Südarabien eingewandert. Immerhin ist das Wort kein speciell südarabisches, wie die Stellen Nab. 29, 7 und Labîd Mu'all. V. 2 (Pl. سِلَام) beweisen²). Was nun das سلمتى der Inschrift

---

1) Müller ungenau فَلْو (statt فِلْو) „Kameljunges", welche Bedeutung (es muss „Füllen" heissen) in den Lexicis fehlt; auch ist فُلُوّ nicht pl. von فِلْو, sondern entweder pl. von فَلَاةٌ „Wüste" oder aber Sing. (neben فِلْو). Ein Nachschlagen in Lane hätte vor solchen Fehlern bewahrt.

2) Doch ist zu bemerken, dass bei Labîd Inschriftensteine gemeint sind, und bei Nabigha („Reime gleich Felsen" oder Steinen) wenigstens gemeint sein können (dann: „Reime so untrüglich wie Inschriftensteine" oder ähnliches); Inschriftensteine aber sind einem nordarabischen Dichter des 6. Jahrh. meist südarabische (vgl. z. B. Labîd 13, 2).

anlangt, so mag die zweite Lesung Müllers = *sullamatai*, wozu er die Stelle Gazîra 76, 7 vergleicht, in der That vorzuziehn zu sein. Ich bin zwar jetzt noch geneigt, das arabische *sullam* (z. B. Ham. 126, 11; Muf. 13, 41; 35, 10; Zuh. 16, 54) für ein nordsemitisches Lehnwort zu halten, da die Bildung *kubbal* sonst nur Plur. fract. von فاعل ist, und das Wort im hebr., wo es schon im älteren Elohisten (also ca. 700 v. Chr., vgl. oben S. 4) vorkommt (Gen. 28, 12) eine Etymologie hat (סלל), im arabischen aber keine; aber es wird ein sehr altes Lehnwort sein, wie z. B. das nachher zu besprechende فاثور, und es ist zu beachten, dass, wie سُلَّم auch als fem. gebraucht wird, so סֻלָּם im späteren Hebr. den Plural *sullamôt* bildet. — Der zu مجدل angeführte Vers des A‘shâ (metr. سريع) heisst in Uebersetzung „bei einem Thurme, dessen Bau aufgeführt wurde (so glatt, dass) von ihm abgleiten die Klauen der Vögel" und steht im Divan (Ms. Escur.) 18, 57 (auf fol. 70ᵇ): der vorhergehende Vers steht Lane S. 1502 (s. v. شث). Weitere Stellen, wo مجدل vorkommt, sind Ham. 11, 12 (fehlt bei Abu Tammâm, wird jedoch citiert im Lisân al-‘Arab s. v. جدل), Lab. 41, 23 und Muf. 12, 12; an letzteren beiden steht der Pl. مجادل und es werden damit die Kamele verglichen.

Zum Comm. von Ent. 10 (Müller Nr. V): zu يشر in Il-jafa‘ Jashûr (wie jetzt M. statt Jâshir liest) vgl. auch شور im E. N. أبشور Hal. 148, 5. — In كَبِر حميد.... kann das zweite Wort auch (vgl. z. B. كبر اقينم) Appellativum sein; ists aber E. N., dann könnte man auch an حميم denken. — ذابرهن kann ebensogut pl. fr. von برد (vgl. Hal. 353, 3 und dazu Müll. ZDMG. 37, S. 383, Anm. 3) sein, was dann allerdings eine ganz andere Bedeutung ergäbe. — Eine etwas äusserliche Procedur scheint es mir zu sein, wenn Müller das hier neu auftauchende غرب „vergehn lassen", „entfernen" von معرب *me‘râb* (so, nicht *ma‘rib*, ist schon wegen des äth. *me‘râb* zu lesen, trotz des nordarab. *maghrib*) „Westen" trennen will; ich halte letzteres aus مغراب abgeschwächt wegen der Länge (und des darauf ruhenden Accentes) der nächsten

Silbe, wie es wol ebenso der Fall ist in معمر, einer Art von Räucheraltar, aus مغمر (*mighmâr*, z. B. Bombay Journ., vol. II, pl. 6, Z. 2), das ich von غمرة Safran (vgl. zu Safran als Parfüm Lane s. v. خلوق) ableiten möchte. — Was die oft begegnende Phrase تدمن كبرس سمعم *kadmâna kabîri-sû sam'am* (es folgt stets ein E. N.) betrifft, so hat Müller später (S. 43) für تدمن das einzig richtige „angesichts", „vor" selbst vermuthet, ist aber sonst über den Sinn im unklaren: es muss wörtlich übersetzt heissen: „angesichts seines an Ansehn (so Glaser) grossen N. N." und es wird hiemit der Titel eines hohen Beamten ausgedrückt sein.

Zum Exkurs über das Verbum شأم (zu Eut. 13, 1 u. 2): Müll. hat شأم „stiften" richtig erkannt, geht aber wohl fehl, wenn er dies Wort aus شأمم „Omen" (was ja doch nur „böses Omen" heisst!) ableitet; ich glaube, beide sind zu trennen, und شأم „stiften" ist einfach eine Weiterbildung, bezw. Nebenform aus شيم „setzen, stellen" (beide also Varianten der gleichen Wurzel *šam*). Das andere Wort شأم „Norden" (bezw. „linke Seite", dann davon abgeleitet „böses Vorzeichen") bringt Müller richtig mit شمال שׂמאל zusammen, vergisst aber hier ganz seinen Vorgänger Wilh. Gesenius (Thes. III, 1, Lips. 1842, s. v. שׂמאל, und vgl. auch Franz Dietrich, Abh. zur semit. Wortf., Leipz. 1844, S. 234) zu nennen: in der That erwähnt Zanzani zur Mu'allaka des Imrulkais, Vers 2 (bei Arnold, bezw. der Ed. Calc. weggelassen) ausdrücklich شأمل als Nebenform von شمال, und zur Transposition vergleiche man bab.-ass. *purshu'u* „Floh" neben פרעשׁ, zur Weiterbildung der Wurzel mit l Karmel von *karm* „Weingarten", ἄμπελος (Lagarde, Mitth. II, S. 356) von عنب, تبرقل „blitzen" von برق (dies letztere Beisp. und noch weitere bei S. Fränkel, Beitr. zur Erkl. d. mehrl. Bild. im Arab., Leiden 1878, S. 48 f., wo solche Bildungen als urspr. Diminutiva aufgefasst werden).

Zu dem in den Fluchformeln häufig vorkommenden Verbum مسر möchte ich nicht mit Prätorius das äth. *mesâr* „Axt" vergleichen, welches Dillmann wol mit Recht zu *wašara* stellt (vgl. تلاد *tilâd* von ولد. تُراث von ورث, min.-sab. تقر „Balken“ von وقر) sondern vielmehr bab.-ass. *mashâru* „lassen, zurücklassen, verlassen“ und arab. عسر „herausführen“[1]), zumal ja stets بن مقمهسم *bin maḳâmi-sumû* „von ihrem Ort“ folgt, sodass dann „wegbringen lassen“ zu übersetzen ist.

Der Commentar zu Eut. 23 (bei Müll. Nr. XI) erfordert wiederum einige Excurse. Es handelt sich nämlich hiebei um zwei orthographische Eigentümlichkeiten des minäischen im allgemeinen und um eine vermeintliche sprachliche der minäischen von el-ʿUlay insbesondere. Eut. 22, 4 heisst es: بن مقمهسم وه اخهكر اول *bin makâmi-sumû wa aḫḫara auwala* (aus *awala*) „(gegen jeden der sie entfernt) von ihrer Stelle und das erste an letzter Stelle setzt“. Hier soll das ه dem و eine Stütze verleihen wie im arabischen in Pausa oder bei alleinstehenden Worten (z. B. تِهْ *tih* u. ähnl. Fälle). Das ist nun bei dem syntaktisch so eng mit dem folgenden verbundenen *wa* „und“ (nach M. hier *wâh*) geradezu undenkbar; in anderen Fällen (so bei بهن „Sohn“) liegt nach M. „Zerdehnung“ vor, in wieder anderen (so, wo das ه zwischen Suffix u. Subst. steht) Weiterbildung nach Art von ابهات aus أب, während das allein richtige und mögliche, die rein graphische Verwendung des ه in all diesen Fällen, um einen Vokal (meist *i*, doch auch hie und da *a*, ja wie es scheint einigemale auch *û*) auszudrücken, von Müller bisher gänzlich verkannt wurde. Wie ich schon auf dem letzten Or.-Congress betont, gehört dieses Schwanken der Orthographie, wozu noch die (auch nicht regelmässig durchgeführte) Doppelschreibung der Consonanten bei Intensivformen im minäischen zu rechnen ist, mit zu den entscheidenden Kennzeichen (s. Glaser in „Sk.“, K. III) des im Verhältnis zum sabäischen höheren Alters der minäischen Inschriften. Gegenüber der festen Orthographie im Sabäischen, die uns gleich einem fertig abge-

1) Allerdings weder im Lisân oder Arab (LA, bis jetzt nur vol. III—XIV und XVI, XVII in meinem Besitz) noch Tâg al-ʿArûs durch einen Vers belegt; doch steht die Bedeutung durch die Lexikographen wie durch die Vergleichung des sehr häufig begegnenden assyr. *mašâru* (bes. *umaššir*) fest

schlossenen System entgegentritt. bekunden die tastenden Versuche der minäischen Schreibung, die den Vokal bald gar nicht, bald durch ء, و und ى (letztere beide jedoch nur zum Ausdruck langer Silben, wozu man auch die Fälle vergl.. wo ى gar nicht bezeichnet wird, wie جز für جزى *gazaja* bezw. *gazay*. يم für يوم *jauma*) ausdrückt und die Schärfung der Silbe durch Doppelschreibung des sie schliessenden Konsonanten wiedergibt. einen noch primitiven Zustand, eine Kindheitsperiode, die durch eine weite Kluft von dem späteren festen Gebrauch getrennt ist. Was Schreibungen wie obiges اخحكر anlangt. so führt M. deren mehrere auf, sieht aber dabei nicht, dass es lauter minäische Beispiele sind, die er beibringt; das einzige sabäische (Derenb. 14, 1) ist falsch gelesen, indem der Abklatsch an dieser Stelle ersichtlich (worauf mich seiner Zeit Glaser aufmerksam machte) eine Falte hatte und das Original also gewiss مكحمل (nicht مكحممل) bietet.

Eine andere Eigentümlichkeit der minäischen Texte, die mir ebenfalls für ein höheres Alter zu sprechen scheint, besteht, wie längst erkannt, darin, dass durchweg die Causativform *sakbala* statt *hakbala* lautet und ebenso die Suffixe der 3. sing. u. pl. *sû* und *sumû* statt *hû* und *humû*[1]), also ganz die gleiche Altertümlichkeit, wie sie das eine ältere Stufe des Semitismus darstellende Altägyptisch und unter den semitischen Sprachen das Babyl.-assyrische (vgl. *ushakbil* und die Suffixe *shû* und *shunû*) aufweist. Nun ist allerdings zuzugeben, dass auch trotzdem, dass -*sû* älter ist als das draus erst entstandene *hû* (vgl. als Analogie Skt. *sama* und *ἁμα* od. هند aus *Sind*), die minäischen Texte an und für sich jünger sein könnten als die sabäischen oder auch gleichzeitig mit ihnen, indem sich eben dann in ihnen diese älteren Formen, wie das auch sonst geschieht, bis in die späteste Zeit erhalten hätten; in der That zeigen ja auch noch die jüngsten assyrischen Inschriften die gleiche Erscheinung, wobei man sich, um das Bild weiter auszumalen, nur denken dürfte, es wären alle älteren assyrischen Texte mitsammt den ihnen an Alter vorangehenden alt-

1) Auch hier zeigt sich betreffs Schreibung oder Weglassung des schliessenden و das gleiche Schwanken in der min. Orthographie gegenüber dem sabäischen, wo stets plene هو und همو geschrieben wird.

babylonischen verloren gegangen. Wo aber alles andere für ein so hohes Alter spricht, wie bei den minäischen Texten (siehe schon oben am Anfang dieses Aufsatzes), da fällt eine solche Erscheinung wie *sakbala* und das Suffix *sû* doch sehr mit in die Wagschale. Ja ich gehe noch weiter, indem ich die angeführte Erscheinung für eine aus noch viel älterer Zeit (also wol dem 3. vorchristlichen Jahrtausend) stammende, nur ein historischer Schreibweise durch die Schrift noch festgehaltene, ansehe. Dazu bestimmt mich folgende Erwägung. In Eigennamen, wo man doch Formen der wirklich gesprochenen Sprache am ehsten erwarten kann, woneben sich allerdings auch umgekehrt ältere von der Sprache längst aufgegebene Wörter und Formen gerade hier gern erhalten, kommen nämlich in den minäischen Inschriften wirklich Spuren eines schon eingetretenen Ueberganges des alten *s* in *h* vor, z. B. im O. N. *Juharîk* (wofern nicht etwa هرق der Stamm und *Jahrik* zu lesen), oder (und das ist das einzig sichere Beispiel) im Beinamen *Juhargib* des Königs Shâhir Jalîl von Ḳatabân, des Zeitgenossen der Minäerkönige Waḳah-il Jathi' und seines Sohnes Il-jafa' Jashûr, Hal. 504, l. Z. Wahrscheinlich gehören aber auch noch hieher die ziemlich häufig in minäischen Inschriften vorkommenden Personennamen mit هوف als erstem Glied (z. B. هوف عثت. هوفإل. wo schon M. A. Levy 1864 هوف als defective Schreibung für *haufaja* erkannte), falls hier (was doch nicht so einleuchtend ist) nicht etwa ein Element هَوْف (Nebenform von خَوْف. vgl. arab. هاف, Impf. يهيف. wie auch den Personennamen هيفاء) vorliegt[1]. Andrerseits kommen gar keine minäischen Eigennamen mit *saf'al*-Bildung oder einem Suffix *sû* in den bis jetzt bekannten Texten vor, was, wenn ich Recht habe, dass man auch in Me'in von undenklicher Zeit an schon هفعل stat سفعل sagte und nur in der Schrift als

1) Für die Richtigkeit der Erklärung von هوف durch هوفى, der sich auch Müller angeschlossen, spricht in der That alles, so bes. die Analogie von Namen wie حمعثت = حمى عثت (vgl. يحم ال = يحمى ال „es schütze Athtar", هحى عثت „es gebe Leben 'Athtar" (Z.D.M.G., 30, 676) und vielleicht auch لحى عثت, während ein *Hawwafa-Atht* („es möge Ehrfurcht einflössen A." oder ähnlich) ziemlich isolirt in der minäo-sabäischen Nomenclatur stehn würde.

in feierlichem Stile das alte سفعل beibehielt, auch gar nichts verwunderliches hat: Namen schrieb man eben so, wie sie das Volk sprach, schon um eine etwaige Verwirrung zu vermeiden, und änderte deshalb hier etwaiges هفعل nicht in das alte feierliche سفعل um, wie es die priesterlichen Schreiber sonst in den Inschriften zu thun pflegten. Einen ganz falschen Schluss hat Müller seiner Zeit aus dem zufälligen Fehlen des Safʿal von Verbis primae waw und jod im minäischen im Vergleich mit obigen Namen gemacht (Burgen II, S. 57=1009, Anm. 1 und ferner ZDMG. 37, 338 f.) nämlich diese Verba sollen im minäischen entweder gar keine Causativform, oder wenn doch (wie in den angeführten Eigennamen), dann ein Hafʿal statt Safʿal gebildet haben. Warum aber, so fragte ich mich stets, nur diese Verba?[1]) Ist nicht vielmehr, da ja doch Hauf-Atht wahrscheinlich nur defective Schreibung für Haufay-Atht ist[2]), der einzig zulässige Schluss dann der von mir oben gezogene? Zu allem Ueberfluss finden sich jetzt in den minäischen Inschriften von al-ʿUlay wirklich die Causativformen سيلع Eut. 17, 4 und سوق Eut. 22, 6, was Müller trotzdem nicht abhält, an seinem alten Irrtum festzuhalten. „Im Gegensatz zum einheimischen Dialekt weist der Dialekt der minäischen Colonie die Causativform سوق und سيلع auf“, so schliesst Müller seine diesbezügliche das früher von ihm aufgestellte lediglich wiederholende Auseinandersetzung, indem er nicht merkt, dass sie jetzt,

1) Das oben angeführte Juhargib liess Müller wahrscheinlich deshalb weg, da er es Burgen II, 77 für einen sabäischen Namen ansah. Dass der betr. Katabanier von vornherein ein Sabäer sein musste, hängt mit M.'s irriger Auffassung von der Gleichzeitigkeit der minäischen und sabäischen Texte zusammen.

2) Leider sind die andern von Müller angezogenen Beispiele noch viel unsicherer als die mit هوف beginnenden Eigennamen, bei denen wenigstens die grösste Wahrscheinlichkeit für ein Hiphil spricht: die Inschrift Hal. 398, wo Hautar-ʿAtht begegnet, besteht nur aus einer Zeile mit E. N. und kann ebensogut sabäisch sein. Statt Juhariḳ und Juhargib hat Müller noch den hamdanitischen Eigennamen هيسعال (hadhram. Schreibung für هيثعال) der Obne-Inschrift, welchen ich aus andern Gründen vorderhand bei Seite lassen möchte. Dagegen gehört wol noch hieher der Name فهأمن Eut 878 d. i. *fû-hû-amin* „dessen Mund treu ist“ (siehe darüber noch weiter unten).

eben durch Auffindung jener beiden Formen, vollends gegenstandslos geworden ist.

An die gleiche Inschrift Eut. 23 schliesst Müller einen Exkurs über die in den minäischen Fragmenten von el-ʿUlay begegnenden Königsnamen. Dass sich aus verschiedenen minäischen Inschriften eine Gruppe: „Jathiʿ-il Ṣaduḳ, Vater des Waḳah-il Jathiʿ, Vater des Il-jafaʿ Jashûr (dieser Eut. 48,1!), Vater des Ḥafn Rijâm,“ also fünf in genealogischer Reihe stehende Könige, ergibt, hat Müller Burgen II, 67 nachgewiesen. Eine zweite Gruppe stellt sich nach erneuter Prüfung[1]) der Inschriften Hal. 187 und 192 (von welchen letztere die jüngere ist) einer- und von Hal. 535 und 520 (letztere, 520, die jüngere) andererseits folgendermassen dar (gegen Müller a. a. O.):

Il-jafaʿ Rijâm (König Hal. 187)
|
Haufay-Atht (König Hal. 187)

1. Abîjadaʿ Jathiʿ (König Hal. 535 u. 192)
|
Waḳah-il Rijâm
|
Il-jafaʿ
|
Waḳah-il Ṣaduḳ (König Eut. 22)
|
Abî-karib Jathiʿ (König Eut. 22).

2. Il-jafaʿ (König Hal. 520)
|
Maʿdî-karib (Hal. 520 u. 535)

Aller Wahrscheinlichkeit nach war Haufa-Atht der Vater des Abi-jadaʿ Jathiʿ: Müller macht den Il-jafaʿ Jathiʿ zum Vater des Abî-jadaʿ Jathiʿ statt zum jüngeren Bruder, und den Il-jafaʿ

1) Dass Hal. 192 jünger ist als 187, ergibt sich daraus, dass in letzterer noch der Urgrossvater ʿAmmi-ṣaduḳ (-*ṣaduḳ* nach P. de Lagarde) und der Grossvater ʿAmmî-karib der Gebaniten Saʿd-il, Jadhkur-il und Jasmaʿ-il auftreten, in Hal. 192 aber nur ʿAmmi-karib, sein Sohn ʿAlmân und ausser den drei Genannten noch andere ihrer Brüder: dass aber Hal. 520 jünger (aber nicht viel jünger) als Hal. 535 ist, geht aus folgendem hervor: in beiden ist ʿAmmî-ṣaduḳ (ein anderer als der von Hal. 187), Sohn des Ḥamâ-Atht, Stifter (in Hal. 520 noch mit zwei Brüdern); während aber in Hal. 535 es heisst: bei Abi-jadaʿ Jathiʿ K. von M. und den Söhnen des Maʿdî-karib (viell. Königs von Hadhram.) des Sohnes des Il-jafaʿ (der also noch nicht König war!), so lautet die betr. Partie in Hal. 520: [ʿAmmi-ṣaduḳ] und ʿAmmî-jadaʿ und ʿAmmî-karib Söhne des Ḥama-Atht von Jafaʿân, Beamte (?) der Söhne des Maʿdi-karib des Sohnes des Il-jafaʿ Jathiʿ, Königs von Maʿin.

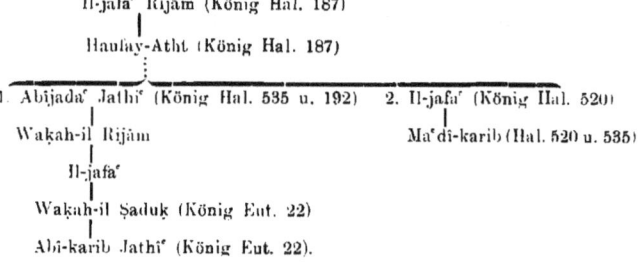

Rijâm zum jüngeren Bruder des Wakah-il Rijâm statt zu dessen Urgrossvater. Da in Eut. 23 es nur heisst „[am Tage] des Wakah-il Saduk und des Abi-karib Jathi', der beiden Könige [von Ma'in].“ so könnte allenfalls Abi-karib auch der jüngere Bruder (statt Sohn) des Wakah-il sein; ist es aber doch der Sohn, dann besteht diese zweite Gruppe nach meinem Aufbau derselben aus einer Generation mehr als bei Müller, während ausserdem es bei meiner wie bei Müllers Auffassung sieben Generationen sind. Sei dem übrigens wie ihm wolle, so ist jedenfalls diese zweite Gruppe, unter welcher Abi-jada' Jathi' sich befindet, jünger als die erste mit Hafn Rijâm schliessende, wie aus einer Vergleichung der Inschriften Hal. 534 und 535 (das sah schon Müller, Burgen II. 67 f.) hervorgeht. Daraus folgt aber zweierlei: erstens erstreckt sich die Dauer der minäischen Herrschaft in el-'Ulay mindestens auf neun Generationen, wenn nicht auf zehn bis zwölf, da ja zwischen Hafn Rijâm und Il-jafa' Rijâm gewiss eine grössere oder kleinere Lücke klafft, und zweitens müssen die Könige der ersten Gruppe geraume Zeit vor 1600 v. Chr. regiert haben, da ja Abi-jada' Jathi', wenn Glaser mit seiner Ansetzung dieses Königs in die Zeit des ersten Pharao nach Vertreibung des Hyksos (s. oben S. 7) Recht hat, c. 1600 v. Chr. zu setzen ist.

Einen dankenswerthen Beitrag zur minäo-sabäischen Grammatik bildet der Exkurs über كل im Comm. zu Eut. 23 (S. 36 bis 38): zu S. 37, Anm. 1 ist wegen ضببأ (von Müller falsch und gegen alle grammat. Regeln = ضبايا statt des allein richtigen und möglichen ضبابِئ gesetzt) an das oben S. 18 bemerkte zu erinnern. Ein weiterer Exkurs über die sabäischen Quadrilitera (S. 38) gibt dagegen zu manchen Ausstellungen Anlass: da wo von reduplizirten Formen die Rede ist, hätte für ذمرمر neben نقفق und كمكم (zu welch beiden letzteren noch كوكب, vgl. bab. *kakkabu* aus *kabkabu* und Mahri *kubkob* „Stern“ ZDMG 27, 227 gehört) eine besondere Rubrik gemacht werden sollen, da diese Form (Reduplizirung des 2. und 3. Radikals) gerade fürs südarabische charakteristisch ist; vgl. bes. im äth. *warakrik* „goldgrün“ (ἁπ. λεγ. des Physiol., siehe meine Ausg., S. XXVI), *hamalmil*, *dabarbir*, *ma'ar'ir* u. a., den Pflanzennamen حبقبق (Ocimum canum) in der jemenischen Tihâma.[1]) den O.-N. *Jalamlam* (Hudh. 18, 12. *Alamlam* 189, 1) u. a. Wie kommt Müller dazu, عثتر zu den durch *r* weitergebildeten Quadrilitera zu rechnen? er denkt dabei doch nicht etwa an عثث als 2. Element von E. N., was ja erst aus عثتر verküzt ist? Wenn عثتر nicht, wie ich glaube, Lehnwort aus dem babyl. *Istar* (ältere Form *Gištar*) und urspr. sumerisch ist, so kann hier doch höchstens eine Ifte'al-bildung (und dann Metathesis wegen des Zischlauts) von عثر (vgl. Gl. 282. 4 عثر ونمى ذبحس *atara wa-namaja dabhu-sû* „es wurde reichlich und viel sein Opfer") vorliegen. Das schon oben erklärte Wort كوكب (im O.-N. كوكبن *Kaukabân*) bringt M. in eine Reihe mit جمير، صرواح und هينمة in rein äusserlicher Registrierung: die drei letztgenannten, zu denen wol auch هوبس (von einem Stamm هبس) gehört,[2]) hätte ich an Müllers Stelle überhaupt nicht zu den eigentlichen Quadrilitera gezählt, da sie ja oft substituirend bei der Bildung der gebrochenen Pluralformen der Trilitera im arabischen eintreten, so فوعل für فاعل (pl. فواعل), فعيل für فعيل und فعيلة (pl. فعايل, z. B. خريف *charâjipu* „Jahre." pl. von خرف *charîp* Gl. 799 = Lang. 7, Z. 6, daraus weiter im nordarab. فعائل) und فعول (vgl. arab. جدول Imr. 55, 2 u. ö.) für فعيل (im Ge'ez. pl. فعاولة, urspr. wol für sing. فعول, wie umgekehrt nordarab. von جزور ein جزائر, was aber auch aus جزاور entstanden sein kann, gebildet wird), und man ja schliesslich von jeder Triliteralwurzel ein فعيل، فعول، فوعل und فيعل bilden kann.

1) Dieser Name, den ich der freundl. Mitth. Prof. Schweinfurths verdanke, ist auch sonst von hohem Interesse, da er mit dem babyl. Pflanzennamen *chambakûku* (Del., Hebr. lang., p. 36) und dem hebr. E. N. חֲבַקּוּק (LXX Ἀμβακούμ), was, wie das Dagesch beweist, aus חבקבוק enstanden, identisch ist.

2) Name des Mondgottes, gewöhnlich als „Trockner" aufgefasst, wobei man aber nicht bedacht hat, dass es dann هيبس heissen müsste.

Im Comm. zu Eut. 24 ist das Citat Lay. 66, 8 falsch: einmal ist 66, 9 zu schreiben, und zweitens ist dort der Name der Badanäer nur nach Tigl. jun., Rev. Z. 53, ergänzt, letztere Stelle also zu zitieren: überhaupt hat Müller stets Unglück, wenn er assyrisches selbständig herbeizieht, wie sich gleich nachher wieder zeigen wird. Wahrscheinlich ist aber ببيته ودّ بددن bi-baiti Wadd bi-Dadân „im Tempel des W. in Dedan“ zu übersetzen (vgl. Hal. 233, 8 ضمد بن ددن „Dâmid von Dedan,“ so sicher nach Glasers mündlicher Mitteilung auf Grund neuen Materiales hier aufzufassen), was auch Müller an erster Stelle mit Recht vorschlägt. — Die Existenz eines Gottesnamens هل ist sehr problematisch: Hal. 146 liegt gewiss der Personenname الهن *Alhân* vor,[1]) und Hal. 359, 5 möchte ich والههو هلالى verbessern in والههو حيالى *wa-ilâha-hû Ḥai'alî*, womit dann wol der Name der gleichlautenden Münzsorte als von einem Gotte benannt aufgeklärt würde.[2]) — Zu على im 2. Glied von Eigennamen vgl. noch شهرعلى Reh. 6, 2 und سمهعلى Arn. 48 und Hal. 615, 34.

Im Comm. zu Eut. 26 wird zu dem bekannten sabäischen Worte اسد *ussâd* „kriegstüchtige Männer“ auf den Vers eines Asaditen bei Jak. 3, 473 hingewiesen, wo aber, wie das folgende عِنْدَ الهَزَابِرِ beweist, in أُسُودُ النَاسِ schon die übertragene Bedeutung „Löwen“ (wie stets im nordarab.) vorliegt; dagegen ist zu dieser Uebertragung (von „kühn“, „trotzig“ auf „Löwe“) eine gute Analogie عبس „tapfer sein“ und äth. *ʿanbasá* „Löwe“ (dort das gewöhnl. Wort), wie ja auch schon عَابِس, عَبَّاس, عَبُوس und عَنْبَس von den arabischen Nationallexikographen mit أَسَدٌ „Löwe“

1) Die Stelle ist zu übersetzen: „N. N. hat geweiht dem Gotte Mutabnaṭajan den Alhân“ (ebenso 145: „den Ẓawwar-ʿadan“; 148, 5: „den Abishawwar“ und ähnl. in den übrigen Inschriften von Harim, wo überall von der Weihung einer Person an die Gottheit die Rede ist — gegen Mordtmann, Z.D.M.G., 31, S. 85; merkwürdiger Weise hat Müller diese sehr instruktiven Stellen bei seiner Auseinandersetzung im Comm. zu Gl. 302 (Hadakan-inschr. in Berlin), S. 6—841, ganz übersehen.

2) Bei dieser Gelegenheit mache ich darauf aufmerksam, dass اهن (z. B. Hal. 48 u. 49) ein Metallname, und zwar ein aus dem persischen (nur mit Bedeutungsübertragung, da es eiserne Münzen nicht gegeben haben wird) entlehnter, ist.

erklärt werden. Die Uebersetzung „Löwe" (als Sternbild) in der Obne-inschr. hat schon Glaser in seiner „Skizze" S. 93, Anm. 1 als verkehrt nachgewiesen; auch dort kann es nichts anderes als „Krieger" bedeuten. Vielleicht liegt auch im hebr., und zwar an der schweren Stelle Deut. 33, 2 (אשדת. Var. אשדות. LXX: *ἄγγελοι*), ein Wort ähnlicher Bedeutung (etwa „himml. Heerscharen"?) vor. — Eut. 26, Z. 3 möchte ich das beginnende هن . . . zu كل مهن *kullu man* Eut. 57, 6 ergänzen; zu صواعِق vgl. ausser der von Müller angeführten Koranstelle noch Alḳama 2, 34 und Lab. 5, 3. An unserer Stelle und den von Müller zitierten Parallelstellen scheint übrigens سصعق nur „zerbrechen" (so Eut. 57, 6 von den „Schmuckgegenständen", أَحْلَاى) zu bedeuten; es gehört schon etwas Phantasie dazu, hier „an eine in jener Gegend recht häufige elementare Erscheinung", die schliesslich auch den Untergang der Thamudäer herbeiführte, zu denken. Die Grundbedeutung von صعق ist „krachen, zerkrachen."[1]) — In Z. 4 ist ohne Bedenken *Ḳarnâ'u* (قرنو) zu restituieren; in den minäischen Inschriften von al-'Ulay ist gewiss dasselbe *Ḳarnâ* gemeint, wie in Hal. 535 (s. oben S. 5), was einer der bedeutendsten minäischen Orte in Nordarabien gewesen sein muss (etwa gar Mekka, was später, wie Glaser Makoraba des Ptolemäus richtig deutet, *mikrâb* „Heiligtum, und vielleicht daraus verstümmelt *Makka*, wozu man Verkürzungen wie *jâ Ḥâri* für *jâ Ḥârith* u. ähnl. vergl., genannt wurde).

In Eut. 37 (ebenso noch Eut. 49 und 55) hat Müller richtig das interessante لوان *lau'ân* (fem. لوأة) als „Priester gedeutet; aber es ist durchaus falsch, dies Wort mit لوءة „Schändliches, Schmähliches" (das Wort heisst aber in der That nur سوءة „Böses, Widriges, Unglück", nicht etwa قبيحة) zusammenzubringen und daraus auf Funktionen à la קָדֵשׁ und קְדֵשָׁה schliessen zu wollen. Die Nebenform اليات *alja'at* des Verbums *alwa'ati 'n-nâḳatu* „es

1) Auch äth. *ṣa'aḳa* wird, so nahe es liegt, an ضيق dabei zu denken (was aber lautlich kaum angeht), hieher gehören, wenn man Stellen wie *amma jeṣṣâ'aḳâ naṭra mahârekt* (Dillm. Lex., s. v.) vergleicht.

gieng langsam die Kamelin" (TA) zeigt in Verbindung mit لَأْى „langsam sein" und لَأْى „Unglück", „widriges Schicksal", dass لَوْءَة ebenfalls der Begriff des Langsamseins, Zögerns zu Grunde liegen wird, wie auch die Bedeutung „funkeln" (d. i. nur hie da, gewissermassen zögernd Licht ausstrahlen) von لألأ damit zusammen hängt. Es könnte demnach لَوْآن „Priester" mit weit mehr Recht vom langsamen, feierlichen Einherschreiten des Priesters genommen sein, wenn es überhaupt noch zulässig ist, eine Etymologie dieses gewiss uralten Wortes aufzustellen: am ehesten könnte man noch versucht sein, bab.-ass. *li'u* „Schreibtafel" damit in Verbindung zu bringen, wogegen freilich wieder die immerhin mögliche Identität von *li'u* mit لَوْح „Brett" (z. B. Tarafa 4, 12) sprechen würde. Um so sicherer und unverfänglicher ist dagegen die von Müller ganz übersehene Vergleichung des hebr. לֵוִי (aus لَوْءِى, vgl. z. B. auch لَوَّة neben لَوْءَة TA, wie ja auch schon die israelitischen Genealogen לֵוִי mit לֵאָה, was ich nur als Formanalogie anmerke, zusammengebracht haben), wozu man die interessanten Ausführungen P. de Lagardes, Orientalia II, 20 f. nachsehe. Erinnert man sich dazu des Umstandes, dass auch im Exodus Priester in Midjan erwähnt werden (Jethro Ex. 3, 1 und zwar als Schwager des Leviten Mose), der frühen Beziehungen der Minäer zu Aegypten (Hal. 535), der eigentlichen Geburt des israelitischen Priestertumes auf der Sinaihalbinsel u. a., so eröffnen sich durch die Vergleichung لَوْآن (*lau'ân*) — *Levî* neue und ungeahnte Perspektiven für die Religionsgeschichte. — Die Grundbedeutung von عكر ist „wiederholt wenden, umkehren, mischen, schütteln", deshalb „(das Wasser) trüben" einerseits, und „wiederholt angreifen" andrerseits (vgl Lane s. v.), so dass ich nicht recht verstehe, wie der Zusammenhang zwischen den beiden letzt angeführten Bedeutungen schwer zu finden sein soll. — Dass in عنن die Präpos. عَنْ stecken soll (wie etwa عمن *'immâna* neben عم *'im* „mit"), glaube ich so lange nicht, als nicht عن allein im homeritischen belegt wird, was bis jetzt noch nicht geschehn ist: عَنْ „von, weg" scheint überhaupt nicht dem älteren Semitisch, sondern speziell dem nordarabischen anzugehören. — Ob für بمعتق, nicht an bab.-ass. *itiḳu* „rücken, vorrücken, weitergehn" (wovon *mitiḳu* „Fortgang, Beförderung, Strasse") zu denken ist? oder heisst etwa معتق hier geradezu „Asyl"? Was die von Müller nicht weiter erklärte, aber jedenfalls ungenau übersetzte[1]) eigentümliche „Konstruktion" بمعتق ببيتة *bi-maʿtaḳi bi-baiti* (also Status-constr.-Form vor einem Präpositionalausdruck) anlangt, so ist dieselbe im minäo-sab. ausserordentlich häufig und ihrem Wesen nach mit den zahlreichen Fällen wie *baiti wahaba-hû* „des Hauses, welches er ihm schenkte" (vgl. Müller, ZDMG. 30, S. 121), wo im nordarab. البيت الذى وهبهو stehn müsste, am ehesten zu vergleichen. Weitere Beispiele sind Hal. 535, 5 (minäisch) سلمهم ووفيه عد عرض كل صحفة بين صحفدنيهن oder Z. 15 هجرسم (also *wa-wapja* statt ووفيهم *wa-wapjam*, wie man parallel mit *salmam* zu erwarten hätte) u. a. mehr.

Zum Comm. von Eut. 55 sei nur Ein weiteres Beispiel für die Präposition ب vor dem Imperfect notirt, nämlich Hal. 384, 5 بيسْق (von وسْق, wobei ich mit سْ den von Prätorius als neue Abart des س signalisirten Buchstaben bezeichne); dass Z. 9 in ذشمسْي der Name einer Königin kaum vorliegen wird, ist schon oben S. 12 Anm. 2 gesagt worden.

Im Comm. zu Eut. 57 findet sich wieder ein ganz misverstandenes Citat aus einem assyrischen Text. Bei Tigl. jun. (3. Rawl. 9, Nr. 3, Z. 51) ist von einem gewissen Urimmu (vgl. zur Namensform den Königsnamen *Panammu* und andere kleinas.-hethitische Namen auf *-αμος*) von Chushin (in der Gegend von Kilikien oder Tabal) die Rede; das dort zu lesende *U-ri-im-mi-i Chu-shin-na-a-a* (bezw. *Chu-sin-na-a-a*) transscribirt nun Müller *U-shim-na-ai*, macht daraus mit Weglassung der Silbe *na* weiter einen *Urimi* von *Ḥushim*, da ja allerdings einem ح (ohne Punkt)

1) Müller „in den معتق des Tempels" statt „der im Tempel ist" oder einfach „im Tempel".

im babyl.-ass. ein Spir. lenis entsprechen müsste, und vergleicht letzteren Ort sodann mit حسم in ذحسم! Wer nicht assyrisch so weit versteht, um richtig abzulesen, sollte doch solche Citate ganz bei Seite lassen; es nimmt es ja Müllern niemand übel, wenn er nicht Assyriolog von Fach ist[1], und jeder Assyriolog wiederum wird doch stets mit der grössten Bereitwilligkeit dem Wiener Collegen auf seine Bitte mit Rath und Auskunft beistehn.

Nun komme ich zu einem der interessantesten alten Lehnwörter, welche sich bisher im minäischen gefunden haben, nämlich dem Eut. 57, 3 begegnenden فثر: „er weihte (seine . . . . .) und sein *fâthûr* (وفثرس) den Göttern von Ma'in": Müller verzichtet auf jegliche Erklärung und schreibt einfach: „die entsprechende Wurzel im Arabischen (فثر) fehlt". Nun hat aber sogar schon Gauhari s. v. فثر (von den grösseren Originalwörterbüchern wie LA. und TA. ganz zu schweigen) das Wort فاثور „Tischplatte, Schüssel, Libationsgefäss", und die weiteren abgeleiteten Bedeutungen beweisen, dass das Wort längst vor dem Islâm in Gebrauch gewesen sein muss; auch heisst ein Ortsname, der öfter bei alten Dichtern vorkommt und schon an der Grenze des eigentlichen arabischen Gebietes (in der Nähe des am westlichen Euphratufer unweit Kufas gelegenen Ortes Samâwa) zu suchen ist[2], فاثور. Von diesem Ortsnamen scheint Labid das Wort abgeleitet zu haben, da er فاثورية bildet (Divan, ed. Huber, 41, 32, vgl. den betr. Vers auch bei LA. s. v. فاثور), doch kommt auch فاثور bei den alten Dichtern vor, so bei Ma'n ibn Aus ونحرا كفاثور اللجين „und ein Schlüsselbein (glänzend) gleich einer silbernen Trinkschale". Ueber فاثور hat Fränkel gehandelt (Aram. Lehnw., S. 83) wo das Wort von aram. *pâthûr* abgeleitet wird; Fränkel hat dabei vergessen, das bab.-ass. *paššûru* „Schüssel, Schale" (bezw. sumerisch *banshur*) wozu man Haupt. in „Beitr. zur Ass.", 1, S. 161, Anm. 1 vergleiche, als ältesten Repräsentanten dieses alten Lehnwortes anzu-

1) Dass Müller auf einem andern, enger begrenzten, keilschriftlichen Gebiete (dem der nichtsemitischen Inschriften von Van) besser zu Hause ist, wurde assyriologischer Seits stets gerne anerkannt.

2) Lab. 27, 9 „an den Hügeln von Fâthûr" und 39, 69 „zwischen F. bei Ufâk und ad-Dahal".

führen. Wie die Minäer Ishtar (ursp. *Gishtar*) als عثتر hörten und herübernahmen[1]), so hörten sie auch *paššûr* (bezw. *pášûr*) als فاثور[2]), und es ist daher hier nicht notwendig, gerade aramäische Entlehnung anzunehmen. — Mit مهن = مَنْ hat Müller wol Recht (siehe schon oben S. 30), aber von „Zerdehnung" ist natürlich nicht die Rede, worüber ich ebenfalls schon gesprochen. Das minäische müsste in der That eine komische Sprache gewesen sein, wenn darin *bin* „Sohn" zu *bihin*, *man* „wer" zu *mahan*, *baiti-sû* zu *baitihi-sû* (Sing.!) und ähnl. „zerdehnt" oder sonst weitergebildet worden wäre: welcher Semitist wird im Ernst

1) Dass عثتر im minäischen wirklich babyl. Lehnwort ist, beweist das andere Lehnwort سين = Mondgott, der im minäischen ebenfalls zu عثتر in geneal. Verhältnis steht: bei den Babyloniern ist Ishtar die Tochter des Sin, bei den Minäern Sin dagegen Sohn des Athtar. Auch die Griechen hörten ja Ashtoret (vgl. *Ishtâritu* neben *Isthar* und zur Länge *Namtâru* aus *Namtar*) als Aϑtoret, da sie (vgl. russ. Marfa aus Martha) Aphtoret und weiter Aphrotet (Ἀφροδίτη) draus machten. Ebenso halte ich سطر „schreiben" für ein uraltes babyl. Lehnwort im minäischen (vgl. bab.-ass. Gesch., S. 55), bei welcher Gelegenheit ich bemerke, dass wol auch hebr. סֵפֶר „Buch" und סֹפֵר aus assyr. *shipru* (gespr. *sipru*) „Brief" (eigtl. „Sendung") und *shâpiru* „Beamter" entlehnt sein werden, da das urspr. westsemit. Wort für „er schrieb" *kataba* war.

2) Ein anderes uraltes Lehnwort der Form فاعول (vgl. dazu und zugleich als Nachtrag zur vorig. Anm. auch عاثور Lagarde, Mitth. I. S. 76) scheint mir das von Lagarde, Mitth. II, S. 358 Anm. besprochene ناموس „Mücke" zu sein, näml. von babyl. *nammaššû* (geschr. mit dem Zeichen *bar* hier = *muš*) „Gethier" (von *namâšu* „gehn", „wimmeln"), was auch (vgl. Zimmern, Busspss., S. 103) die Bedeutung „Boden, Wohnung" (vgl. ناموس „Jagdhütte", so schon in einem Vers des Aus bei LA) hat: *nammuššû* ist der Form nach gleich ناموسِيّ (vgl. oben فاثوريّة neben فاثور ?), falls nicht etwa doch *nammaššú* zu lesen und als *namašû* (مَنْمَسِيّ, vgl. als Analogie *Nannara* aus *Nanmaru*) zu erklären wäre. Aber auch letzteres würde ich als Denom. eines Wortes *namâshu* ansehn, was (in der Schreibung *namushu* und *nammushu*) in der That (und zwar in der Bedeutung „Weg" oder vielleicht besser „Weggang" d. i. „Tod") nachzuweisen ist, wie Haupt in den Beitr. zur Ass., I, S. 20 und 315 f. gezeigt hat.

an solche Unformen (ja geradezu monstra) glauben wollen? Nimmt man aber diese Erscheinungen nur als orthographische Eigentümlichkeiten, dann hört alles befremdliche dabei auf.

Was die übrigen, meist nur einzeiligen kleineren (bezw. kleinsten) Inschriften anlangt, so ist wenig dazu zu bemerken. Interessant ist Eut. 861 der E. N. برقس, zu welchem M. richtig بلقيس vergleicht. Die Namenbildung erinnert an den von Glaser kürzlich aus einer sabäischen Inschrift aufgedeckten äth. Königsnamen رمحس (*Rimḥîs?*), an *Iblîs* (wenn dies nicht *διάβολος* ist), ادريس, den Planetennamen برجيس[1]) *birgîs* „Jupiter" (pers. Lehnwort?) wie endlich auch an die aram. Diminutivendung *-ôs* (vgl. im arab. z. B. قدموس neben قديم). — Wenn Eut. 873 موألة فهامن (dies die ganze Inschrift) wirklich *Mau'alat fa-Ha'man* zu transscribiren ist („M. und weiter H.", wogegen aber die Analogie der übrigen kleineren Legenden, die einen Hauptnamen und den dazugehörenden Beinamen enthalten, spricht), so hätten wir hier ein weiteres Beispiel für فعفعل (statt سفعل) in minäischen Eigennamen (vgl. oben *Haufâ-Atht* S. 24); ein فود امين „Treumund", wie Müller in der Transscription der Inschrift gibt, bezeichnet er selbst als sehr gewagt, wozu noch kommt, dass die Singulare فود und فاد gewiss erst von den Grammatikern aus افواد construirt sind, also nie existirt haben. Und doch wird der Name

1) Die betr. Stelle in LA. (s. v. برجس) ist zu interessant, als dass ich sie nicht wörtlich mitteilte: „und im ḥadîth steht, dass der Prophet nach den Planeten (الكواكب الخُنَّس) gefragt wurde, da sagte er: es sind der بِرجِيس und زُحَل (Saturn) und بَهْرَام (Mars) und عطارد (Merkur) und die زُهَرَة (Venus), worauf noch die Glosse البرجيس المشترى والبهرام المِرّيخ (Mirrîḥ ist aus Nergal, dem Namen des babyl. Kriegsgottes, verstümmelt) folgt. Den *Bahrâm* (Mars) hat Lagarde (Mitth. I, 108 Anm.) glücklich im Gotte محرم (griech. Ares) der axum. Inschriften erkannt, worauf jetzt durch Glasers Ausführungen (vergl. seine Skizze, S. 89 f.) weiteres Licht fallen dürfte; dagegen ist Mirrîḥ nicht Merodach (Lagarde, Uebers., S. 105), sondern (vgl. nur das parallele Nerig) Nergal.

„Treumund" bedeuten, indem gewiss فوه أمين *fû-hû amîn* (vgl. سمه على *Sum-hû-ʿAlî* u. ähnl. Namen, die zuerst Mordtmann ZDMG. 35, S. 439 richtig erklärt hat) auszusprechen ist[1]).

Kürzer kann ich mich fassen beim zweiten Theil von Müllers Abhandlung, nämlich dem über die lichjanischen Inschriften handelnden. Von der historischen Einleitung dazu scheint mir nur ein einziger Satz richtig, nämlich dass diese Denkmäler älter als die nabatäischen Inschriften sind (S. 6). Andrerseits können sie aber auch nicht älter als die Perserzeit sein, da die gewiss richtig von Müller erklärte Phrase „und sie brachen das Gesetz und den Weg" وعفرو هدت وهارح *wa-hafarru ha-dât wa-haorach* mit dem persischen Lehnwort دت *dhâta* („Gesetz") in Eut. 46, 7 kaum in älterer Zeit als ca. 400 v. Chr. denkbar ist[2]); ja es sieht ganz so aus, als stammte diese Inschrift (und dann natürlich auch noch andre dieser Texte) mitten aus nordarabischen Judenkreisen. Das wird noch bestätigt durch Eut. 51, 2, wo, wie wiederum Müller richtig erkannt hat, von „der Partei, der Partei der Ueberlieferung und ihrem Herrn" هشعة شعة هنعس وربة und „den beiden Aeltesten der Sekte der Ueberlieferung" كبرى شعة هنعس die Rede ist. Auch Müller vermuthet in beiden Fällen „jüdischen Einfluss", doch wagt er im ersteren Fall „nicht aus dieser Phrase allein auf einen solchen Einfluss bestimmte Schlüsse zu ziehn". Ich sage zuversichtlich: hier ist nicht nur jüdischer Einfluss, sondern Judentum selber[3]). Dazu stimmen auch die Namen der

1) Jetzt verdient Mordmanns Erklärung von سمس امن durch *Sum-sû amîn* Hal. 508 (minäisch) neue Erwägung; dieser Name würde dann (vgl. oben S. 24) entweder ein künstlich gebildeter oder aber ein aus der ältesten Periode stammender sein. Zu beachten ist auch noch, dass die sabäischen Namen mit سمه (= sum-hû) wegen der defectiven Schreibung ohne w auf minäischen (also früheren) Ursprung hinweisen.

2) Dass dies Wort *dât* in der Stelle Deut. 33, 2 nicht vorliegt, darüber hat Lagarde Agathangelus S. 156—160 gehandelt.

3) Die Eigennamen mit Götternamen als 2. Glied sprechen nicht dagegen, sind überdies in der Minderzahl, dagegen ist bemerkenswert, dass, während einmal (Eut. 50, Z. 2) Nasr vorzukommen scheint und mehreremale ein Gott (oder ein jüdischer Hohepriester?) Dhû-Ghâbat (vgl. غابة bei Chaibar, einem alten Judensitze Arabiens), in einem grossen Theil der In-

Fürsten: Talmai (nicht Talmi, wie Müller schreibt) und Tahmai (eine aramaisirende Bildung wie Talmai, wozu man auch den gerade damals aufkommenden Namen Bar-Talmai vergleiche); andre sind Ha-nu'âs oder vielmehr han-Aus = الأوس, wie später der Hauptstamm in Jathrib hiess, und Laudhân[1]). Entziffert hat diese Inschriften soweit ihre Buchstaben von den sabäischen abwichen, Halevy, was auch Müller zugeben muss, und Halevy war es auch, der für den Namen Lichjân, nach welchem sich die Könige solche von L. nennen, sofort an den laianitischen Golf im Nabatäerlande (Diod. 3, 43) auf dem Stockholmer Orientalistenkongress erinnerte, welche Erwähnung dem Herausgeber von Hamdanis Geographie vollständig entgangen war, obwol er ja nur Sprengers bekanntes Buch dazu hätte aufschlagen dürfen. Für die Zeitbestimmung wäre auch ein assyrischer (nicht altbabylonischer) Siegelcylinder (vgl. Pinches, the Babyl. and Assyr. cylinderseals of the Brit. Mus., p. 11) mit lichjanischer Aufschrift von Werth, wenn nicht dieselbe höchst wahrscheinlich erst später beigefügt wäre (Pinches: „added in later times"); ein ganz

schriften aber, unter welchen sich gerade Eut. 46 und 51 befinden, gar keine Gottheiten genannt werden. Noch sei erwähnt, dass Namen mit ءله (d. i. إلآه) als 2. Glied nicht selten sind (وعبله, زدله, مرأله, مرله, حطله, سعدله und رتعله) solche mit ال weniger häufig begegnen (nämlich اوحال, wo اوح unsicher ist, عبدال, حمال und ولال = ولي ال). Uebrigens bekommt jetzt das von Lagarde, Mitth., I, S. 96 f. ausgeführte eine weitere Bestätigung!

1) Noch möchte ich erwähnen, dass in der Inschrift, in welcher vom „Brechen des Gesetzes und Weges" die Rede ist, kein Königsname, wol aber ein gewisser *Wâ'il* von *Ghassân* vorkommt, der in einer andern Inschrift (Eut. 1), wo von Krieg die Rede ist, wieder kehrt. Sollten die Araber hieran sich später noch erinnert haben? man beachte, dass die den Juden feindlichen Stämme in Jathrib, Aus und Khazrag, sich zu Ghassân rechneten (Nöldeke, Beitr. zur Poesie der alt. Araber, S. 53). In der Inschrift, welche die „Sekte der Ueberlieferung" erwähnt, steht am Schluss der Name عنأس, auch wird ein gewisser Abî-ilf genannt: vgl. Eut. 52a ebenfalls Abi-ilf, und als König von Lichja'n ein Han-Aus (عنأس) bin Talmai.

ähnlicher der gleichen Kunstperiode (Blüthe der assyr. Königszeit?) angehörender trägt eine Pehlevilegende, die natürlich ebenfalls erst viel später eingravirt wurde. Und da redet Müller von einem „babyl. Cylinder, der nach der Meinung der besten Autoritäten aus dem Jahre 1000 v. Chr. stammt“! Das einzige, was man bis jetzt sagen kann, ist, dass rund um 400 v. Chr. die wahrscheinlichste Zeit für die lichjanischen Inschriften von el-ʿUlay sein dürfte, eher später als früher.

Nun ist nur noch kurz über die Sprache dieser Inschriften und über das, was Müller über die lichjanische und protoarabische Schrift aufstellt, zu berichten. Die Haupteigentümlichkeiten des in den lichjanischen Inschriften vertretenen arabischen Dialektes sind von Müller richtig dargestellt worden; dabei erinnert vieles an die in den (aramäisch abgefassten) nabatäischen Inschriften vorkommenden Arabismen, wie denn die lichjanischen und die nabatäischen Denkmäler zeitlich nicht weit auseinander zu liegen scheinen. Ausser dem gemeinsamen Worte أصدق „Rechtsnachfolger“ rechne ich hieher die graphische Verwendung des ة (für auslautendes *á*, und zwar wol auch für verklungenes Femin.-t), das Suffix هم (nicht همو) der 3. plur., die Partikel ف u. a. Aus minäische erinnert die Orthographie كلله für كلّه wie auch die defectiven Sreibungen زد für زيد, اس für أوس, aus sabäische das Suffixpronomen der 3. Dual همى (dort neben همن, minäisch سمن (*humaini, sumaini?*), wozu man قتلى *katalai* „die beiden tödteten“, ملكى *malikai* „die beiden Könige von ....“ vergleiche. Nicht erkannt hat Müller die vollere Form des (meist nur ه geschriebenen) Artikels هن vor أ, ع (und einmal vor ة, was demnach gleich Alif wie im heutigen ägypt. Arabisch gesprochen worden zu sein scheint), was Halevy's Scharfsinn natürlich sofort auffiel; sonst hätte Müller wol ein so starkes Versehn vermieden, wie هنفعل (was er *ha-nafʿal* statt *han-faʿal* trennte — dies allein schon hätte ihn als Arabisten stutzig machen müssen —) als Particip (nicht etwa Infin., was formell noch eher denkbar gewesen wäre) der sog. siebenten Form auszugeben[1]). Die Formen هناوس. هنأمن. هنعنك. هنعزل sind gleich späterem الأوّس, الامن, العنك, العازل: ebenso ist natürlich Eut. 51 (S. 71). Z. 6 f. عمبل هناعلى und عمبل هناسغل (lies هناسغل statt هناسلل) gleich الموبل الاعلى „oberer Stock (?)“ und الموبل الاسفل „unterer Stock“[2]). Den Ausdruck وأل هغسن setzt Müller richtig gleich وائِل الغسّانِ und vergleicht trotzdem dazu يَمَانٍ. شامٍ (aus *Jamânijun*. *Sha'mijun*), indem er den erwähnten Ausdruck in der That als Beispiel für „eine Nisbenbildung ohne langes î, bezw. ijj“ bringt. Da يمانٍ formell wie قاضٍ, nur dass bei letzterem das ى zum Stamme gehört, zu beurteilen ist, so müsste natürlich auch im lichjanischen in so einem Fall هغسنى (man beachte den Artikel) stehn, und auch dass die arabische Schreibung ـِى ein *îjun* (nicht *-ijjun*) darstellt, scheint Müller nicht zu wissen. Die gleiche Unkenntnis in grammatischen Dingen verräth folgender Satz: „merkwürdiger Weise kommt in diesen Inschriften keine Spur einer Nunation . . . . . vor“; im nordarab. würde man ja, falls nicht die später dazu erfundene Vocalisation

1) Ein Particip Nif'al müsste im nord- wie südarabischen منفعل lauten. Von Nifalformen sind bis jetzt (ich habe noch keine dieser Formen in Müllers Schriften angeführt gelesen) in den Inschriften nachzuweisen: Perf. نحقل (*inḥaḳala* mit elidirbarem Alif) Hal. 51. 15; نمشرت (*inmasharat*) Hal. 63. 2; Infin. (minäisch) Hal. 237, 7 يومه هنحفش حفش وفرش الخ *jaumi hinḥifâshi* (vgl. hebr. urspr. *hinkabil* inf. nif.) *ḥafasha wa-farasha*, ebenso 238 (Gl. 283). 1 يومه هنفتح الخ und vielleicht auch انذرر (*îndirâr?*) „in reichl. Fülle“ (?) Gl. 282. 3 und 5. wofern letzteres nicht mit ass. *andirâru* (Del. bei Zimmern. Bab. Bussps. S. 116 und Proleg., S. 46; meine bab.-ass. Gesch., S. 685). wo etwa gar die gleiche Form vorliegt, zusammen zu bringen ist.

2) Auch der heut in Südarabien gebräuchliche vorgesetzte Artikel *am-* ist aus *an-* entstanden (vgl. schon oben S. 19). wie auch die zur Zeit Hamdânis geläufigen Formen انقشم (für القشم) und انهند (für الهند) Müll., Südar. Stud.. S. 22=122 nahelegen.

vorläge, fast ebenso vergeblich nach einer Spur von Nunationsbezeichnung sich umsehn, und doch besass die Sprache der alten Dichter und des Koran und Hadith eine solche. Angedeutet wurde sie (nach nabatäischer Manier, von dort stammt ja höchst wahrscheinlich die arabische Schrift) nur noch im Accusativ der Masculina Sing. durch das nachgesetzte Alif. und ganz vereinzelt noch im Nom. Sing. (so im E. N. عمرو *'Amrun*, vulg. *'Amr*, aber nie *'Amru*, wie man immer noch in populären Werken liest. — um diesen Namen von dem Diptot. عُمَرُ *'Omaru* zu unterscheiden) durch das nachgesetzte و. Es wird also ebensogut im lichjanischen da wo kein Genitiv folgte und kein Artikel vorhergieng, ein nasaler Auslaut sich angehängt haben, wie urspr. in allen drei westsemitischen Sprachen[1]), nur dass wir nicht erwarten müssen, dass die Schrift dies nun unter allen Umständen anzeigen solle.

Nachdem wir gesehn, dass die minäischen Inschriften in die Mitte oder gar erste Hälfte des zweiten vorchristlichen Jahrtausends gehören, die lichjanischen aber wahrscheinlich erst ins vierte vorchristliche Jahrhundert wenn nicht noch später, so ist es von vornherein sehr fraglich, ob Müllers Behauptung, dass „das lichjanische Alphabet die Gestalt des südsemitischen Alphabets, bevor sich das sabäo-äthiopische und protoarabische davon getrennt haben“ darstellt, richtig ist. Mir scheint die Sache durch Müllers Annahme gerade auf den Kopf gestellt zu sein. Einen weit älteren Eindruck machen zum Theil die Zeichen des protoarabischen Alphabetes, von denen Müller leider nur soweit es ihm passte, einstweilen mitgeteilt hat. Soviel ich bis jetzt die (ähnlich den Safainschriften) meist einzeiligen und nur Eigennamen enthaltenden sog. protoarabischen Inschriften aus Doughty und Halevy (Nr. 113 ff. vom Gebel Sheihân, ferner Hal. 615, Z. 1—13, wo Z. 4 und 7

1) Dagegen ist die sog. Mimation im bab.-ass. nur eine graphische (urspr. auf gewisse lautlichen Eigentümlichkeiten des sumerischen zurückzuführende) Spielerei, die besonders vor und um Hammuragas' Zeit stark im Flore war (aber dort ebenso bei Verbis als Nominibus), vgl. Bab.-ass. Gesch., S. 362, Anm. 4; ein bab.-ass. *mâtum* „Land“ (neben *mâtu*) oder *ilum* „Gott“ (neben *ilu*) wurde überhaupt nie anders als *mâtu* und *ilu* gesprochen. Nur Ansätze zur Mimation finden sich, wie in *shanummu* „ein anderer“, wozu man jetzt Delitzschs Assyr. Gramm., S. 213 (§ 79) vergleiche.

die älteste Form des sog. Sin vorliegt, endlich Hal. 684 und 685 wie auch die ZDMG. 24, 201, Taf. 8 lithographirte Inschrift Hal. 683) kenne, habe ich den Eindruck, dass dieselben, wie aus sehr verschiedenen Gegenden[1]) so auch wol aus verschiedenen Perioden stammen, aber gewiss, wenigstens teilweise, uralt sind. Müller weiss von der Existenz solcher Schriftdenkmäler in Südarabien (in Halevy's Sammlung) nichts[2]), sonst hätte er es sich nicht entgehn lassen, S. 20, wo er von der in Wien befindlichen Gemme mit protoarabischer Aufschrift spricht, davon Mittheilung zu machen. Auf dieser Gemme scheint mir der von Müller besonders besprochene Buchstabe, den er für ein *r* hält, falsch bestimmt; ich glaube, es ist eine andere Form des mîm, woneben die gewöhnlichere Form in ein und derselben Zeile nicht aufzufallen braucht, da das bei dem regellosen und schwankenden Charakter der protoarab. Schrift nicht ohne Analogie sein dürfte. Ich lese demnach *Il-juhabsim*, Eut. 689 ايهبسم und Eut. 752 شمشة, wo ich das wie ein liegendes mîm aussehende Zeichen vielmehr für eine Variante von shin halte. Da der Wiener Aka-

1) Es muss jetzt auch untersucht werden, ob die von Sachau (Reise in Syrien, S. 134 und 136) unweit von Aleppo gefundenen, keineswegs „eine Spielerei müssiger Beduinen" darstellenden Inschriften nicht hieher gehören. Beim ersten Anblick erinnern sie allerdings mehr an die kyprische Silbenschrift, was aber bei einer näheren Vergleichung nicht Stich hält. Da Sachau von über hunderten solcher Legenden spricht (leider theilt er a. a. O. nur zwei mit, hat aber doch hoffentlich mehrere wenn nicht alle copirt), so sind vielleicht nächstens von ihm genauere Aufschlüsse darüber zu erwarten.

2) Allem Anschein nach enthält die Inschrift Hal. 683 minäische Sprachformen (was schon im Jahre 1870, von Levy ZDMG 24, S. 202 erkannt wurde); sollte sich dies bestätigen, so wäre das im Verein mit dem Fundort allein schon ein Beweis des höchsten Alters. Protoarabische Inschriften in Südarabien haben doch nur zu einer Zeit Sinn, in der sich noch nicht das sabäo-minäische Alphabet aus dem protoarabischen herausgebildet hatte. Ebenso ist wol auch das protoarab. Alphabet die Mutter des lichjanischen. Wie es mit dem phönikischen Alph. (das durch die Herbeiziehung des griech. bis ca. 1500 v. Chr. sich zurückverfolgen lässt) steht, ist nun frisch zu untersuchen: ich erlaube mir dabei auf den betr. Exkurs in meiner Bab.-ass. Gesch., S. 50—57 hinzuweisen, dessen Resultate (Entlehnung des ältesten semitischen, sog. phönikischen, Alphabetes aus dem altbabylonischen) ich jetzt erst recht für das wahrscheinlichste halte.

demiker durch seinen verfehlten Entzifferungsversuch der Harrainschriften, deren richtige Lesung und Uebersetzung erst Halevy gelungen ist[1]), und auch jetzt bei den lichjanischen Inschriften gezeigt hat, dass er nicht der Mann dazu ist, in solchen Dingen als Pionier aufzutreten, so wäre es im Interesse der Wissenschaft dringend zu wünschen, dass er die Fachgenossen nicht nochmals fünf Jahre auf den übrigen Teil von Eutings Ausbeute warten liesse, um ihnen dann doch nur wiederum eine halbe Arbeit zu liefern, sondern sich diesmal begnügte, die Inschriften selber möglichst rasch und in deutlicher lithographischer Wiedergabe (wie Tafel VI ff. der Epigr. Denkmäler) herauszugeben.

Nachschrift: Als ich nach Abschluss des Manuscripts dieses Aufsatzes die letzten Seiten desselben (es war am 5. Januar 1890) meinem Freund Glaser mitteilte, überraschte er mich durch das Vorlesen einiger längst geschriebenen Blätter des eben in Druck kommenden Manuscriptes seiner Skizze, Heft II, worin er mit schlagenden Gründen nachweist, dass das lichjanische Reich und die von Müller publicirten Inschriften etwa tausend Jahre jünger sind als Müller glaubt, indem sie erst in die Zeit zwischen 250 nach Chr. bis ca. 400 n. Chr. gehören, und dass sie mit den wolbekannten Judengemeinden von Cheibar, Teimâ, Medîna etc. in Zusammenhang stehn. Unterdess hat Glaser über diese seine Entdeckung selbst das Wort ergriffen in einem Aufsatze der Beil. zur. Allg. Zeitg., 1890, Nr. 16 (16. Jan. 1890) „Jüdische Königreiche in Arabien“ nebst dem dazu gehörigen Nachtrag ebendas., Nr. 21, (21. Jan. 1890). Wenn man damit meine obigen in einer Art Stufenleiter nach dem allein richtigen zu sich bewegenden Aussprüche vergleicht: 1. „älter als die nabatäischen Inschriften“ (S. 36), 2. „rund um 400 v. Chr., eher später als früher“ (S. 38) und 3. „wahrscheinlich erst ins vierte vor-

1) Vgl. darüber Th. Nöldeke „Die semit. Sprachen“ S. 43: „was wir von diesen Inschriften [er meint die Safa- und die verwandten sog. Harra-Inschriften] bis jetzt verstehn — es sind freilich fast nur Eigennamen — verdanken wir beinah Alles dem Scharfsinn Halevys“. Damit ist sogar vom besten Freund und Gönner Müllers indirekt zugegeben (also gewiss ein unparteiisches Urtheil), dass jener Entzifferungsversuch ein verfehlter gewesen ist.

christliche Jahrhundert [d. i. also 400—300], wenn nicht noch später [also unbestimmt nach 300 v. Chr.]" (S. 40) und dazu das von mir S. 37, Anm. 1 geschriebene, wobei man das meinen Zweifel daran, dass die arabische Tradition in so frühe Zeit zurückreichen konnte (statt etwa, wie nach Nöld., Beitr., S. 53 zu erwarten gewesen wäre, höchstens in die Zeit um 200 n. Chr.) ausdrückende Fragezeichen noch besonders beachte — wenn man also, sage ich, all das oben angeführte unbefangen betrachtet, so wird man zugeben müssen, dass ich das richtige schon mehr wie gestreift hatte, aber durch das leider Müller gemachte Zugeständnis („noch vor den nabatäischen Inschriften" statt „unmittelbar nach ihnen") gehindert wurde, die auch von mir erkannte Beziehung auf das feindliche Zusammentreffen der Juden mit den sich zu Ghassân rechnenden bei Jathrib ankommenden Stämmen al-Aus und al-Khazrag (Nöld., a. a. O., S. 53) an den einzig möglichen Platz, nämlich die Zeit nach 200 n. Chr. zu setzen. Ich werde mich hüten, mich ein anderesmal durch Aufstellungen Müllers beeinflussen oder voreinnehmen zu lassen. Um so grösseres Verdienst aber gebührt Glaser, der auch hier mit feinem historischen Verständnis das richtige herausgefunden. — Was zum Schluss die gewöhnlich zu den Hudhailiten gerechneten, nach Glaser aber wol besser: ihnen als versprengte Reste der Lichjân der Inschriften angegliederten banû Lichjân anlangt, so ist die allerletzte Etappe ihrer Wanderung von der Gegend um al-ʿUlay nach Süden zu noch deutlich aus einer im Hudhailitendivan sich findenden Tradition erkennbar: zur Zeit, in der die Gedichte Nr. 36, ferner 79—89 u. a. der genannten Gedichtsammlung verfasst wurden, sassen nämlich die banû Liḥjân schon genau in denselben Wohnsitzen nordwestlich von Mekka unweit der Meeresküste, wo wir ihnen zu Anfang des Islâms (Leben Muhammeds von Ibn Hischâm, ed. Wüstenfeld, S. 638—648, Tag von الرجيع, und S. 718—719, Zug gegen die banû L., wobei bes. غران zwischen امج und عسفان, wie auch ساية genannt wird) begegnen, wie man aus der ausdrücklichen Erwähnung von *Ghurân* Hudh. 36, 3 (vergl. auch الرجيع 52, 3 und 81, 11) ersehn kann. Dagegen berichtet die (alte) Einleitung zu Gedicht 153 (Abû Ḳilâba), dass sie vordem in الهزوم, رخمة, البان (bezw. رهط und البان) und عرق (bis nach كساب und ذو مراخ in der Richtung nach Mekka zu, نحو الحرم) gewohnt hätten, was uns, wie die einzelnen dieser Namen beweisen, in die Gegend nordöstlich von Mekka, östlich von der Strasse nach Medîna und ungefähr gleichweit von letzterem und von Mekka, führt; vgl. Wüstenfeld, Das Gebiet von Medîna, Gött. 1873, S. 117 und auf der Karte dazu die Berge es-Sitâr und el-Ḥarrâs nebst Umgegend, wie auch die betreffenden Ortsnamen in Bekris Wörterbuch[1]).

1) Der Arabienreisende Eduard Glaser, dem ich das fertige Manuscript dieser Nachschrift zeigte, stellt mir unter dem 6. Februar folgende Notiz zur Verfügung:

„Den von Ihnen erwähnten ḥidjâzischen Orten Rakhma, Albân, Es Sitâr entsprechen ganz in der Weise, wie ich es in meinem Artikel über das liḥjanische Königreich (Beilage der Münch. Allg. Ztg. vom 5. Februar 1890) für Dedan, die Aualiter und Hemnater nachwies, ebenfalls gleichnamige Orte in der Nähe des Persergolfes. So gibt es hier auch ein Sitâr el Baḥrein, in dessen unmittelbarer Nähe ebenso wie beim ḥidjâzischen Sitâr auch eine Gegend En Nibâdj liegt. Desgleichen habe ich einen Ort Albân auch im Osten verzeichnet und vermuthe deshalb, dass wol auch an Stelle Ihres Rakhma entsprechend dem am Persergolfe nachweisbaren Namen: Radjma zu lesen sein dürfte. Ich könnte noch mehrere auffallend gleiche Ortsbezeichnungen namhaft machen, welche die von mir betonten politischen oder wenigstens commerziellen Beziehungen zwischen Ost- und Westarabien bestätigen. Allein es genügt mir, darauf hinzuweisen, dass schon Sprenger gerade mit bezug auf die Liḥjân fast das Richtige vermuthet hat, indem er dieses Volk aus Sitâr el Baḥrein nach Westen auswandern lässt. Viel näher wäre er der Wahrheit gekommen, wenn er die Laeniter (Liḥjân) im Osten und im Westen hätte gelten lassen. Dann wäre ein drittes Sitâr, Sitâr eš Šuraif (im Wâdî el 'Yrdh in Jemâma) das Bindeglied zwischen den östlichen Liḥjân (bei Sitâr Baḥrein bis zur Küste des Persergolfes einerseits und bis über Sedeir andererseits) und den westlichen (im Ḥidjâz). Dann auch könnte man Sprengers Ansicht, dass des Plinius Laeniter nicht am Golf von 'Aḳaba sondern am Persergolfe sassen, plausibel finden. Ihre regia (muss nicht Hauptstadt sein, sondern etwa blos königliche Provinzialstadt) Agra wäre dann aber nicht El Hadjar (هجر Hofhûf), sondern Ḥadjr (حجر bei Rijâdh in Jemâma im Wâdî Ḥadjr oder Ḥanîfa). Dann hätten wir die Liḥjân schon zur Zeit Plinius' an den Gestaden des Persergolfes und des Rothen Meeres. Passirte jedoch Plinius keine Verwechslung der beiden Gegenden, dann sind die Laeniter dieses Autors einfach ein nabatäischer Stamm und ihre regia (Agra) eine naba-

Unterdess hat sich an den oben erwähnten Aufsatz Glasers in Nr. 16 der Beil. der Allg. Ztg. eine Entgegnung D. H. Müllers in demselben Blatt (Nr. 24 der Beil.), an diese (worin Müller auch meinen oben S. 4, Anm. 3 citirten Aufsatz vom 20. Okt. 1889, also ein volles Vierteljahr nachher, an den Haaren herbeizieht, um mein Ansehn als Gelehrter gleichfalls zu untergraben) eine Entgegnung Glasers und meiner eignen Person in Nr. 27 (vom 27. Jan. 1890) und endlich in Nr. 31 (vom 31. Jan.) eine nochmalige Erwiderung Müllers angeschlossen; als beste Entgegnung auf all diese Angriffe kann nun ein weiterer höchst interessanter Aufsatz Glasers vom 25. Jan. 1890 (erschienen in Nr. 36 und 37 der gleichen Zeitung, 5. und 6. Febr.) gelten, worin er in absichtlich alle Polemik aus dem Spiel lassender und nur ans sachliche sich haltender Darstellung seiner Gründe für die Ansetzung des liḥjanischen Reiches in nachchristlicher Zeit klar und deutlich zeigt, dass jenes Reich nur in fast unmittelbarem Anschluss an die Nabatäerherrschaft und kurz vor dem Islâm historisch denkbar und begreifbar ist. Diese Auseinandersetzung Glasers stützt sich ebensowenig wie seine mir am 5. Jan. vorgelesene Argumentation im Ms. seiner „Skizze" (vgl. oben S. 42) auf die von Müller unnöthig aufgebauschte von Glaser erst in seinem Aufsatz vom 16. Jan. citirte und allerdings in Einem Punkte irrig wiedergegebene Notiz Bakris (s. v. *Ghurán*), auf die Glaser vielmehr erst später stiess, nachdem sein Beweisverfahren hinsichtlich des Alters des liḥjanischen Königreichs längst abgeschlossen war. Anstatt dass nun Müller Herrn Glaser wissenschaftlich widerlegte, fand er es in überaus bezeichnender Weise bequemer, uns beide verdächtigend, mich für die Publicationen Glasers, speciell für jenen Uebersetzungsirrtum verantwortlich zu machen. Trotzdem ich und Glaser in unserer Entgegnung in Nr. 27 in unzweideutiger Weise derartige Unterstellungen zurückwiesen und die gänzliche Unabhängigkeit in unseren wissenschaftlichen Arbeiten von einander betonten, hatte Müller den Muth, seine Anschuldigung unter Berufung auf mehrere ungenannte Collegen zu wiederholen, als ob

---

täische königliche Stadt, vielleicht Petra selbst oder irgend ein anderes Egra (siehe Strabo, Steph. Byz.). Die liḥjanische Reichsgründung bei El 'Ulâ erfolgte selbstverständlich viel später, wie ich in meinem Aufsatze gezeigt habe."

es schon ein Beweis der Richtigkeit jener Anschuldigung wäre, wenn mehrere Herren zu einer solchen absurden Meinung gelangt sind. Prof. Müller geht sogar soweit, anstatt Glaser, was ihm unmöglich war, zu widerlegen, von mir eine öffentliche Erklärung zu verlangen über Aeusserungen von Glaser, die mich nichts angehn. Da eine solche Zumutung nur aus Unverstand oder Böswilligkeit erklärt werden kann, so wird man es begreiflich finden, wenn ich es unter meiner Würde finde, mich mit derartigen persönlichen Verdächtigungen seitens des Wiener Orientalisten fernerhin zu befassen.

Dagegen ist es notwendig, noch mit einigen Worten einen anderen schwer wiegenden Vorwurf, den mir Müller aus Anlass meines oben genannten Artikels vom Okt. 1889 machte und den er, trotz meines Nachweises einer Verdrehung der Sachlage seinerseits, noch einmal (in Nr. 31) wiederholte, kurz zu beleuchten. Es ist zu diesem Zweck notwendig, einen ganzen Passus seiner Entgegnung in Nr. 21 hier abdrucken zu lassen:

„Wenn ich aber die Gründe Glasers im einzelnen hier nicht prüfen
„kann, so muss ich jedoch im allgemeinen hervorheben, dass es ganz un-
„glaublich klingt und gegen jede historische Empirik verstösst, dass dieses
„gewiss grosse und mächtige Volk [nämlich die Minäer] während der Zeit
„seiner Blüthe nirgends erwähnt wird, weder von den Juden, die, wie die
„Völkertafel beweist, Südarabien genau kannten, noch auch von den Assyrern,
„welche doch von einem so grossen weit ausgedehnten Reiche etwas er-
„fahren hätten, dass aber in der Zeit, wo es — nach Glaser — aufgehört
„hatte, eine politische Macht zu bilden, wo seine Burgen und Städte von
„den Sabäern längst zerstört, die Könige längst vergessen waren, die grie-
„chischen Berichterstatter von den Minäern als einem der grössten Völker
„Arabiens sprechen. Diese klaffende Lücke kann durch kein noch so geist-
„reiches Raisonnement ausgefüllt werden. Hr. Prof. Hommel hat auch
„diesen organischen Fehler der Glaserschen Hypothese erkannt und bemüht
„sich in Folge dessen in die Bibel durch Conjecturen die Minäer hinein-
„zuschmuggeln [sic]. — (Neue Zeile:) Weil ich auf die Stelle in Chron.
„4. 41 hingewiesen und die Vermuthung ausgesprochen habe, dass möglicher-
„weise unter den Me'ûnim (wohlgemerkt, wo der Text die Variante Me'înim
„hat und die Sept. *Μιναίους* übersetzt) die südarabischen Minäer zu ver-
„stehen seien, leitet Prof. Hommel daraus für sich die Berechtigung ab, an
„vielen [sic] Stellen, wo die Texte Me'ônîm (ohne Var.) haben, und wo die
„Sept. auch ganz andere Lesarten aufweist, die Minäer zu erkennen. Ja er
„scheut sich nicht selbst Midian und Na'mân in Minäer zu verändern. Gegen
„eine solche historische Kritik und eine derartige Misshandlung des bibl.
„Textes lässt sich mit Vernunftgründen überhaupt nicht ankämpfen."

Allerdings lässt sich gegen solche Verdrehungen, wie sie hier Müller einem grösseren Leserkreise ungestraft vorführen zu können glaubt, mit Vernunftgründen, überhaupt mit ehrlichen Waffen, wie jeder anständige Gelehrte sie zu führen gewohnt ist, schwer beikommen. Gerade Glaser hatte doch im dritten Kapitel seiner Skizze betont, dass, weil weder die Bibel (bezw. Völkertafel), noch die assyr. Inschriften, da wo sie von Arabien sprechen (vor allem unter Tiglatpil. III und Sargon), die Minäer erwähnen, letztere als politische Macht (darum handelt es sich hier, nicht um die Minäer als natürlich auch noch später vorhandenes Volk) eben zu dieser Zeit nicht mehr existirten; die assyr. Inschriften erwähnen die Araber zum erstenmale im 8. vorchristlichen Jahrhundert, in ungefähr dieselbe Zeit fällt die Abfassung der älteren Stücke von Gen. 10, weshalb Glaser folgerichtig das minäische Reich in die vorhergehnde Zeit, kurz vor die Sabäer, setzt. Andrerseits kennen die griech. Berichterstatter die Minäer (das ist richtig, und ist ja längst vor Müller betont worden) im 3. vorchr. Jahrh. (Erathosthenes lebte 276—196 v. Chr.) neben Sabäern u. a. als ein grosses Volk in Arabien; da aber eben wiederum Glaser in äusserst scharfsinniger Weise die Gleichzeitigkeit der minäischen und sabäischen Königreiche, wie sie uns in den Inschriften entgegentreten, als eine Absurdität nachgewiesen und ausserdem gerade der Sturz der minäischen Herrschaft durch die Sabäer (am Anfang des 1. vorchristlichen Jahrtausends) inschriftlich so schön bestätigt wird (siehe Glaser in seiner „Skizze", S. 62), so ist obiges Raisonnement Müllers hinfällig und zudem wie man sieht, offenbar nur darauf berechnet, dem Publikum Sand in die Augen zu streuen. Dazu möge man nun jetzt nochmals das von mir den Ausführungen Glasers teils als Bestätigung teils als Erweiterung und Ergänzung oben auf S. 3 ff. beigefügte aufmerksam nachlesen, zugleich als Ueberleitung zu den Bibelstellen, in denen ich die Minäer in die Bibel „hineingeschmuggelt" haben soll; denn gerade die letzteren sind auch dort (in Wiederholung der betr. Partie meines Aufsatzes vom Okt. 1889) besprochen oder wenigstens durch Citat namhaft gemacht, vergl. oben S. 2 f. (Richt. 10, 12, die Hauptstelle für die ältere Zeit) und S. 3, Anm. 2 (drei Stellen aus den sog. Büchern der Chronica und eine aus Hiob). Sehn wir uns zuerst die letzteren in Bezug auf das

„Hineinschmuggeln“ der Minäer näher an: 1. Dass 1. Chron. 4, 41 das Keri des Masor. Textes *Me'ûnîm* (Kethib: ***Me'înîm***) durch *τοὺς Μιναίους* von der LXX wiedergegeben wird, hat auch Müller zwar nicht gefunden, denn es war schon von Gesenius (Thesaurus). Kautzsch (in Riehm's Handwörterbuch), Prideaux u. a. genügend hervorgehoben, aber doch zugegeben, dass hier die bekannten Minäer gemeint seien; Lucian's Text (ed. P. de Lagarde) setzt hier (vgl. dazu 1. Chron. 2, 55) die mit den Midianitern (und damit wol auch Minäern) verwandten Keniter (*τοὺς Κιναίους*) statt der Minäer ein. 2. In 2. Chron. 26, 7 „und es half ihm (dem Uzzîjah) ha-Elohîm gegen die Philister und gegen die Araber und gegen die da wohnen in Gur-Ba'al (Petra) und (gegen) die Me'ûnîm“ bieten sowol Tischendorf wie Lucian *τοὺς Μιναίους*. 3. In 2. Chron. 20, 1 ist es klar, dass in „danach kamen die benê Moab und die benê 'Ammôn und mit ihnen die 'Ammônîm wider Josaphat zu streiten“ 'Ammônîm eine falsche Lesart sein muss, da ja unmittelbar vorher die Söhne 'Ammôn genannt sind; Vers 10 „die benê 'Ammôn und Moab und das Gebirg Seïr“ gibt nur über die Lokalität (also ein von Edom her kommendes Volk) Aufschluss, erst die LXX setzt uns mit ihrem *ἐκ τῶν Μιναίων* (Tischend., Lucian nach dem masor. Text und mit Beiziehung von Vers 10: *ἐκ τῶν υἱῶν Ἀμμανιειμ τῶν υἱῶν Σειρ*) in den Stand, das allein richtige Me'ûnîm statt 'Ammônîm herzustellen. 4. In Iob. 2, 11 hat die LXX für „Eliphaz der Temanite und Bildad der Schûchite und Ṣophar (das wäre arab. *Ṣaufar*) der Na'amatite“ (wo ein ausserhalb Palästinas zu suchender sonst nie in der Bibel vorkommender Länder- oder Stammesname Na'amah ebenfalls Bedenken über die Richtigkeit der Ueberlieferung an dieser Stelle hervorruft) *Ἐλιφαζ ὁ Θαιμανῶν βασιλεύς, Βαλδὰδ ὁ Σαυχέων τύραννος, Σωφὰρ Μιναίων βασιλεύς* (Tischend.); da Lucian für Iob noch nicht vorliegt, so theile ich noch den Text des Hieronymus (Lagarde, Mitth. II, 196), der LXX und Mas. hier combinirt, mit: „Eliphaz Themanites, rex, Baldad Sauchites, tyrannus, et Sophar Naamathites, Minaeorum rex“. Selbstverständlich ist auch hier Me'ûnî statt Na'amatî im Text herzustellen. Was nun die Beurtheilung dieser Stellen, von denen die letztaufgeführte aus einem wahrscheinlich im Exil entstandenen dichterischen Werke stammt, die drei ersteren aber einem späten etwa im Jahrhundert nach Esra (bezw. 4. Jahrh.) niedergeschriebenen Geschichtsbuche angehören, anlangt, so hat Müller, als er mir den durchaus ungerechtfertigten Vorwurf des „Hineinschmuggelns“ (näml. der Minäer in die Bibel) machte, ganz übersehn, dass dieselben bei oberflächlicher Betrachtung (ein Eingehn auf tieferen historischen Zusammenhang darf man bei Müller nicht voraussetzen) gerade für seine Ansetzung des minäischen Reiches in die Zeit von ca. 700 v. Chr. — x sprechen. Später (in seiner Entgegnung in Nr. 31 der Beil.) hat er, wie es scheint, dies nachträglich, nachdem ihm durch mich die Nase drauf gestossen war, doch bemerkt, da er dort sagt: „seine (Hommel's) Einwendungen (in Bezug auf die bibl. Stellen) bestätigen meine Behauptungen“, hat es aber, wie es dann gentlemanlike gewesen wäre, unterlassen, seinen nun in sich selbst zusammenfallenden Vorwurf des „Hineinschmuggelns“ der Minäer in die Bibel zu widerrufen; im Gegentheil, er widerholt seine Kränkung mit den Worten „was ich in Bezug auf Herrn Hommels Behandlung des Bibeltexts gesagt habe, halte ich aufrecht“. Ich kann Müller sogar noch zwei weitere Bibelstellen, wo nach dem oben ausgeführten Minäer gemeint sein müssen, mittheilen, nämlich Esra 2, 50 = Neh. 7, 52, wo unter den von Babylonien nach Palästina zurückkehrenden Geschlechtern auch *benê Me'ûnîm* aufgezählt werden: die Sept. gibt in der einen Stelle (2. Esdras, 2, 50) *υἱοὶ Μοουνειμ* (Lucian, 1. Esdras, 2, 50 *υἱοὶ Μοωνειμ*), in der andern (Neh. 7, 52) *υἱοὶ Μεϊνων* (Var. *Μεεινων*; Luc., 1. Esdras 17, 52 *υἱοὶ Μοωνειμ* wie an der ersten Stelle). Man nimmt an (vgl. Ges., 10. Aufl., S. 480), dass hierunter Angehörige der bekannten Me'ûnîm, die als Kriegsgefangene den Netinim beigezählt worden waren, zu verstehn seien; diese Stellen weisen also auf die Mitte des 5. Jahrhunderts, stammen aber der Niederschrift nach (gleich den Chron., zu denen ja die Bücher Esra u. Neh. als Anhang gehören) aus dem Jahrhundert zwischen Esra und den Ptolemäern. Oben (S. 3, Anm.) habe ich gesagt, „dass der Chronist, wie es anderwärts seine Gepflogenheit ist, auch hier alte verschollene Namen als Aufputz verwendet“; ich möchte dies genauer zu „die Namen alter verschollener Reiche“ präcisiren, denn dass die Me'ûnîm (bezw. Ma'ôn) des Richterbuches vom Chronisten bei seiner Ausschmückung des Inhaltes der Bücher der Könige (an den oben besprochenen Stellen) beabsichtigt waren, kann keinem Zweifel unterliegen, wenn gleich zuzugeben ist, dass er den Namen als zu seiner Zeit noch existirend (wie Esra 2. 50 und später die *Μιναῖοι* der LXX und des Eratosthenes beweisen) wol gekannt haben wird. Müller könnte sogar, wenn er mit seiner späten Ansetzung des minäischen Reiches (für welches weder Strabo, bezw. Eratosthenes, noch die LXX etwas beweisen) Recht hätte, eben dieselbe Inschrift Hal. 535, die oben (S. 5 ff.) für die Fixirung eines wichtigen chronol. Punktes in der minäischen Geschichte des 2. vorchristl Jahrtausends verwerthet wurde[1]), durch Deutung der مذى als Meder (woran früher einmal Glaser gedacht zu haben scheint, vgl. „Skizze“, S. 60) geschickt für sich, wie Glaser mir gegenüber scherzweise betont hat, benutzen, indem er die Eroberung Aegyptens durch Kambyses im Jahr 525 v. Chr., wobei ja Araber Kamele und Proviant lieferten, als das in Aussicht genommene hist. Ereignis reclamirte — wenn nicht eben sonst alles (ganz abgesehn von der Unwahrscheinlichkeit, dass damals vor dem Heranrücken des Perserkönigs der wichtige ägyptische Grenzplatz T'ar in den Händen oder der Verwaltung adeliger Minäer sich befunden habe) dagegen spräche. Das wichtigste Ergebnis der Untersuchung jener Chronika-stellen ist das, dass sie uns die Berechtigung geben, auch die Ma'ûn des Richterbuches (oben S. 3) mit den Minäern (wozu ich noch den Schlusssatz meiner Anm. 2 auf S. 3 besonders zu beachten bitte) zu identificiren[2]).

1) Bei dieser Gelegenheit möchte ich zu S. 8 nachtragen, dass G. Ebers der erste gewesen ist, der (in seinem Buche „Aegypten und die Bücher mose“, Leipz. 1868, S. 78—84) die Grenzbefestigungen Aegyptens (darunter auch T'ar, vgl. S. 220, Anm. 2 und schon vorher S. 80 f.) nachgewiesen und eingehend behandelt hat. Zu S. 9, Anm. ist zu bemerken, dass sonst allerdings in semitischen Lehnwörtern im Aegyptischen, welche ein 'Ajin enthalten, letzteres durch den betr. ägypt. Buchstaben ausgedrückt wird; in unserm Falle könnte aber ein Versuch, das Wort einem echtägypt. ohne 'Ajin (also Volksetymologie) anzugleichen, vorliegen.

2) Oben auf S. 3, Z. 8 ist statt „Ma'on“ vielmehr „Ma'ûn (bezw. Me'ûniter)“ zu corrigiren, indem Ma'on (was ohne Zweifel Ma'ûn zu lesen) nur Ri. 10, 12, nicht aber an den übrigen Stellen steht; מָעוֹן kann natürlich beides (Ma'ôn und Ma'ûn) darstellen, und dass gerade bei Eigennamen die masor. Vocalisation wenig Wert hat, beweisen zahlreiche andere Fälle. Dass Ma'ôn Ri. 10, 12 (beachte dazu S. 3, Z. 6 und 7!) ein anderes Volk als die Me'ûnim (*Μιναῖοι*) der Chron.-Stellen etc. darstelle, halte ich für gänzlich ausgeschlossen.

Nach diesem mir aufgezwungenen Exkurs wird nun jeder wissen, was er von Müllers Kampfesweise zu halten hat, wie andrerseits jeder, der vorher meinen sprachlichen Ausführungen gefolgt ist, Gelegenheit hatte, den Mangel an linguistischer Methode in den Arbeiten des Wiener Akademikers (von dem an historischer ganz zu schweigen) und seine lückenhaften philologischen Kenntnisse beleuchtet zu sehn. Wenn Müller u. a. gegen mich ins Feld führt, dass ich ja früher, vor vielen Jahren, sowol in einem Artikel im Ausland vom Jahr 1883 als im 1. Bd. meiner Semit. Völker und Sprachen[1]) seine grossen Verdienste um die sabäische Philologie mit warmen Worten herausgestrichen habe, so habe ich dazu einmal zu bemerken, dass ich im Jahre 1883 urtheilte so gut ichs eben damals verstand (ich habe erst im Juni 1889 angefangen, die min.-sab. Inschriften zu studiren), sodann, dass ich das wirklich verdienstliche an Müllers Arbeiten, so gerade das von mir damals gelobte Zurückgehn auf die Zeit Sargons für die sabäischen Texte, erst kürzlich in dem Aufsatz vom Oct. 1889, gegen den Müller seinen Grimm auslässt, noch anerkannt, was natürlich von Müller, da es den Eindruck seiner Tiraden abgeschwächt hätte, verschwiegen wurde.

1) Von in letzterem enthaltenen persönlichen Bemerkungen nehme ich heute ohnehin viele zurück, so vor allem alles in den „Noten“ gegen P. Haupt vorgebrachte (siehe z. B. meine diesbezügl. Erklärung Bab.-ass. Gesch., S. 240, Anm. 1 und S. 251, Anm. 1), dessen nun längst ausgeglichene Fehde mit mir wesentlich durch die Intriguen eines dritten veranlasst und (nachdem sie einmal begonnen) verschärft worden war.

2.

Eine altarabische Kasside in dreifacher Recension.

(Imrulk. 55 und ʿAbîd ibn al-Abraṣ.)

Die meisten altarabischen Dichter, von denen wir noch authentische Lieder und Bruchstücke in grösserer Anzahl haben, sind aus der Zeit Muhammeds oder aus den letzten Jahrzehnten vor seinem Auftreten, so Labîd und al-Aʿshay, Hassân ibn Thâbit und al-Chansâ, al-Ḥuṭai'a und ash-Shammâch, von den Nachahmern der Omaijaden-Zeit, wie Farazdaḳ und Garir, Dhû-r-Rumma und Ru'ba ganz zu schweigen: nur wenig älter sind die berühmten Hofdichter des Nuʿmân von Ḥêra, wie an-Nâbigha und Zuhair, zu denen eigentlich auch schon Labîd und al-Aʿshay gehören, nur dass letztere noch den Islâm erlebten und sogar dem Propheten selbst ihre Huldigung darbrachten. Gehn wir jedoch in die Mitte und den Anfang des sechsten nachchristlichen Jahrhunderts zurück, so werden die literarischen Erzeugnisse seltener, oder es sind, wo sie noch nicht dünner gesät erscheinen, dafür die Bedenken in Bezug auf ihre Echtheit stärker. So sind bekanntlich die Divane des Ṭarafa und ʿAntara mit Ausnahme der Muʿallaḳât mit Recht angezweifelt worden (was natürlich nicht hindert, dass die betreffenden Gedichte sprachlich für uns fast den gleichen Werth haben als ob sie von Ṭarafa und ʿAntara selbst wären), und auch in dem umfangreichsten Divan dieser älteren Zeit, dem des berühmten Zeitgenossen des Königs al-Mundir III. von Ḥêra, des Imrulḳais (ca. 900 Verse) ist weit mehr als unecht auszuscheiden als z. B. in dem des Zuhair oder des Nâbigha, wie Ahlwardt in seinen „Bemerkungen" gezeigt hat. Von Imrulḳais wäre nach Ahlwardts Urtheil die weitaus kleinere Hälfte seiner Gedichte unecht, wenn man wie Slane nur die Recension des al-Aʿlam zu Grunde legt, und nur dadurch, dass man (wie Ahlwardt in seiner trefflichen Ausgabe der „sechs Divane" das gethan hat) den Divan des Imrulḳais durch die meist den Eindruck der Echtheit machenden kleineren Gedichte, welche die Leidener Recension mehr bietet, noch vervollständigt, wird das Verhältnis etwas besser. Unter den letztgenannten kleineren Gedichten nun, welche sich nur in der Recension des Sukkarî (212—275 d. Fl.), Cod. Leid. Nr. 530 bei Dozy, befinden, ist auch ein höchst interessantes Gedicht, bei Ahlwardt Nr. 55, welches, wie mir mein Schüler Karl Dyroff (der uns nächstens mit 200 neuen Versen des Zuhair nach der im Escurial befindlichen Recension Ṯaʿlabs beschenken wird) mittheilt, auch in einer Handschrift des Escurial, Nr. 302, fol. 49—51^b, und zwar dort mit Commentar, vorkommt, und wovon er mir seine Abschrift gütigst mitgetheilt hat. Dies Gedicht ist doppelt merkwürdig deshalb, weil es die allerengsten Beziehungen, wie ich in folgendem zeigen werde, zu einer in der Gambara ashʿâr al-ʿArab (vgl. meinen Aufsatz über diese alte Gedichtsammlung in den Verh. des Leidener Oriental.-Congresses, Semit. Section, S. 390 und Anm. 8) befindlichen Kasside des Zeitgenossen des Imrulḳais, des ʿAbîd ibn al-Abraṣ, aufweist, welch letztere wiederum in einer doppelten Recension, deren Abweichungen ebenfalls eigentümliche sind, uns vorliegt.

Da der Text des Gedichtes Imrulḳ. 55 bekannt ist, so gebe ich zunächst die Kasside des ʿAbîd, und zwar in der längeren Recension, welche als Appendix zu den Muʿallaḳât mit Commentar des Tibrizi († 502 d. Fl.) in einer Berliner und in Londoner Handschriften[1]) vorliegt, indem ich die Berührungen mit Imr 55 und die Abweichungen der (kürzeren) Recension der Gamhara[2]) unter dem Strich einstweilen kurz notire, um später beim Commentar, den ich dem Text und der demselben Vers für Vers beigebenen wörtlichen Uebersetzung folgen lasse, ausführlicher auf die einzelnen Punkte zu sprechen zu kommen. Im Commentar,

1) Cod. Peterm. 272 (Ahlw. Verzeichn. Nr. 999 auf S. 179), fol. 62^v ff.; Cod. Add. 7532 Rich. (Br. Mus.), fol. 111^b—115^a; Cod. Arab. 692 des India Office (Loth, Nr. 801), fol. 203^b ff., und endlich Cod. Oxon. Marsh 366, fol. 260^b—267^b (wonach sicher, wie ich schon vorher vermuthet hatte, der Comm. zu dieser Kasside von Tibrîzî ist, wie bes. klar aus der Schlussnotiz fol. 269^b hervorgeht).

2) Wer von dieser Recension ein einheitliches Bild sich verschaffen will, der sei für später auf meine in Vorbereitung befindliche Ausgabe der Gamhara verwiesen.

der sich auch auf die Parallelverse von Imr. 55 erstrecken wird, gebe ich zuerst weitere Varianten, sowie den Wortlaut des Commentares at-Tibrizis (und zu Imr. 55 den des im Ms. des Escurial enthaltenen Commentares), um sodann meine eigenen (Parallelstellen der altarabischen Poesie entnommenen aber hie und da auch sprachvergleichenden) Erklärungen anzuschliessen. Erst dann, wenn das Gedicht in der angegebenen Weise vorgeführt und den einzelnen Ausdrücken nach interpretirt ist, halte ich es für angemessen, eine sachliche Auseinandersetzung über die Echtheit, die Verfasser und ihre (bezw. des ʿAbîd) Lebensumstände (nebst Mittheilungen einiger Stücke aus dem Kitâb al-aghâni nach den Münchener Handschriften); die Lokalität (Sitze des Stammes Asad) etc. in aller Kürze folgen zu lassen, wobei dann besonders auch die Frage aufgeworfen und beantwortet werden soll, ob Imr. 55 nach dem Muster der Kasside des ʿAbîd oder ob umgekehrt letztere nach dem von Imr. 55 gedichtet worden ist. Ehe ich mit der Ausgabe des Textes beginne, erlaube ich mir auf die vielen an die hebräische Spruchdichtung erinnernden und zu ihr eine interessante Parallele aus der urwüchsigen semitischen Beduinenpoesie bildenden Sentenzen des ʿAbîdgedichtes (ohne Entsprechung in Imr. 55, doch vgl. S. 55 Anm. 2) aufmerksam zu machen, mit welchen der erste Teil desselben (vgl. Vers 14—27) förmlich gespickt ist; dadurch dürfte diese Kasside zugleich eine hohe Bedeutung weit über den engeren Kreis der arabistischen Studien hinaus gewinnen. Ich gebe nun Text und Uebersetzung der Recension des Tibrizi.

(1) أَقْفَرَ مِنْ أَهْلِهِ مَلْحُوبُ * فَالْقُطَبِيَّاتُ فَالذَّنُوبُ

(2) فَرَاكِسٌ فَثُعَيْلِبَاتٌ * فَذَاتُ فِرْقَيْنِ فَالْقَلِيبُ

(1) Leer und verlassen ist Malḥûb,
Kuṭabijât und auch Dhanûb.[1]

(2) Thuʿailibât und Dhât-Farḳain
und Râkis nebst dem Brunn Ḳalib.

[1] In der Gamh. stehn die Verse 8—11 zu Anfang des Gedichtes (vgl. auch Imr. 55, welches den gleichen Anfang voraussetzt), worauf dann (als doppelter Anfang) erst die Verse 1—6 und weiter 12 ff. folgen.

(3) فَعَرْدَةٌ فَقَفَا حِبِرٍّ * لَيْسَ بِهَا مِنْهُمُ عَرِيبُ

(4) وَبُدِّلَتْ أَهْلَهَا وُحُوشًا * وَغَيَّرَتْ حَالَهَا الْخُطُوبُ

(5) أَرْضٌ تَوَارَثُهَا جُدُوبٌ * فَكُلُّ مَنْ حَلَّهَا مَحْرُوبُ

(6) إِمَّا قَتِيلًا وَإِمَّا هَالِكًا * وَالشَّيْبُ شَيْنٌ لِمَنْ يَشِيبُ

(7) (تَصْبُو وَأَنَّى لَكَ التَّصَابِي * أَنَّى وَقَدْ رَاعَكَ الْمَشِيبُ)

(8) عَيْنَاكَ دَمْعُهُمَا سَرُوبُ * كَأَنَّ شَأْنَيْهِمَا شَعِيبُ

(3) das Hinterland Ḥibirr's und ʿArdat
da kein Bewohner übrig blieb.

(4) Statt dess vergnügt sich dort das Wild.
— o wechselreicher Lauf der Zeit! —

(5) ein Land, wo öde Strecken herrschen,
wo Räuber bilden dein Geleit.

(6) und Mord dir drohen und Verschmachten:
ja traurig, wenn ein Greis man ist!

(7) (Du denkst an Liebe noch? vergisst
dein graues Haar du zu betrachten?)[1]

(8) Es fliesst die Thrän' aus deinem Aug'
wie Wasser aus zerrissnem Schlauch.[2]

1) Dieser Vers (citirt bei Lane 1627) steht in Cod. Berol. Wetzst. II, 217, fol. 76ᵇ ff. (ʿAbîds Kasside nach obiger Recension, aber ohne Comm.) wie in einigen anderen Handschriften (so in der des Brit. Mus.) erst zwischen Vers 11 und 12, was, da 8—11 ursprünglich nur eine Doublette zu 1—6 sind, auf das gleiche herauskommt; in der Gamhara fehlt derselbe.

2) Zu Vers 8—11 vgl. das Anm. 1 bemerkte: Vers 8 läuft Imr. 55, 1, Vers 11 Imr. 55, 2 parallel (nur dort mit anderem Reim); dann beginnt die fast wörtliche Entsprechung erst wieder mit Vers 30 (Imr. 55, 4), während Imr. 55, 3 („Weil immer ich in meinem Sinn bei der geliebten Laila bin; doch wo ist Lailâ? ach so oft geht was man heiss erwünscht, dahin!") dem Sinne nach mit Vers 7 einerseits und den Sprüchen Vers 11 ff. (vgl. bes. 11 u. 15) andrerseits sich berührt, bezw. deckt.

(9) وَاهِيَةٌ او مَعِينٌ مُمْعِنٌ * مِن هَضْبَةٍ دُونَها لُهُوبُ

(10) أَوْ فَلَجٌ وَسْط بَطْنِ وَادٍ * لِلماءِ مِنْ بَيْنِهِ تَسِيبُ

(11) أَوْ جَدْوَلٌ فى ظِلَالِ نَخْلٍ * لِلماءِ مِنْ تَحْتِهِ سُكُوبُ

(12) إن يَكُ حُوِّلَ منها أَهْلُها * فلا بَدِيءٌ ولا عَجِيبُ

(13) أَوْ يَكُ أَقْفَرَ منها جَوُّها * وعَادَها المَحْلُ والجُدُوبُ

(14) فكُلُّ ذى نِعْمَةٍ مَخْلُوسُها * وكُلُّ ذى أَمَلٍ مَكْذُوبُ

(15) وكُلُّ ذِى إبِلٍ مَوْرُوثُها * وكُلّ ذِى سَلَب مَسْلُوبُ

(16) وكُلّ ذِى غَيْبَةٍ يَؤُوبُ * وغَائِبُ المَوْتِ لا يَؤُوبُ

(17) أعاقِرٌ مِثْلُ ذاتِ رِحْمٍ * أَمْ غانِمٌ مِثْلُ مَنْ يَخِيبُ

(9) die Thräne gleich dem hastgen Quell:
durch Bergesrisse sprudelnd schnell:

(10) gleich einem Fluss in Thales Mitte
rinnt unablässig sie herunter.

(11) wie dorten unter schattgen Palmen
das Plätschern eines Bächleins munter.

(12) Sind einmal die Bewohner fort,
so ist nichts neues, noch ein Wunder,

(13) wenn öd geworden ist das Thal
und alles drin steht dürr und kahl.

(14) Wer Gutes genossen, wird sein beraubt,
betrogen, wer an Glück geglaubt;

(15) wer Herden hat, muss sie vererben,
wer reich, muss ausgeplündert sterben;

(16) wer in die Ferne zog, kehrt wieder,
jedoch wer stirbt, kehrt niemals wieder.

(17) Ist unfruchtbar denn kinderreich,
Gewinnen dem Verlieren gleich?

(18) (مَنْ يَسْأَلِ النَاسَ يَحْرِمُوهُ * وسائِلُ اللَهِ لا يَخِيبُ)

(19) باللهِ يُدْرَكُ كُلُّ خَيْرٍ * والقَوْلُ فى بَعْضِهِ تَلْغِيبُ

(20) (واللهُ لَيْسَ لهُ شَرِيكٌ * عَلَّامُ ما أَخْفَتِ القُلُوبُ)

(21) أَفْلِحْ بِمَا شِئْتَ فقد يُدْرَكُ بالـ*ـضُعْفِ وقد يُخَدَّعُ الأَرِيبُ

(22) لا يَعِظُ النَاسُ مَنْ لا يَعِظُ الـ*ـدَهْرُ ولا يَنْفَعُ التَلْبِيبُ

(23) لا يَنْفَعُ اللُبُّ عَنْ تَعَلُّمٍ * إِلَّا السَجِيَّاتُ والقُلُوبُ

(18) [Oft kriegt, wer Menschen bittet, nichts,
wer Gott fleht, niemals dem gebricht's;][1]

(19) durch Gott erreicht man alles Heil,
doch Menschenwort ist schwach zum Theil;

(20) [und Gott, nicht gibt es, der ihm gleicht,
er sieht, was im Verborgnen schleicht.][2]

(21) Leb wie du willst, da manchmal schon zum Ziel
der Schwache kam, indes der Weise fiel.[3]

(22) Nicht ist zu warnen, wen die Zeit
nicht warnt, nicht nützt da Drohn und Leid,

(23) noch Witz, wo man nichts lernen mag,
du wärst denn von besondrem Schlag.

1) Dieser Vers (vgl. Spr. 29, 25) ist (wenigstens an dieser Stelle) später eingeschoben, wie abgesehn vom Inhalt schon das dem des vorigen Verses gleiche Reimwort يخيب nahelegt; ausserdem schreibt ihn der Comm. (nach Ibn al-Aʿrâbî) zu allem Ueberfluss dem Jazîd ibn aḍ-Ḍabba ath Thakafî (= Jazîd ibn al-Ḥakam ath-Thakafî?), also einem andern Dichter, zu. In der Gamh. findet sich dieser Vers zwar, aber an anderer Stelle, nämlich zwischen Vers 26 und 27, während Vers 19 dort zwischen Vers 27 und 28 (also am Schluss der Sprüche und unmittelbar vor dem 2. Theil (Schilderung des Kamelrittes) steht, der rein muhammedanische Vers 20 aber ganz fehlt.

2) Zu Vers 19 und 20 siehe die vor. Anm.

3) Vgl. Lane s. v. فلح; dieser Vers hebt sich durch sein abweichendes Versmaass von den übrigen ab, dennoch findet er sich in allen Handschriften beider Recensionen (der Tibrîzîs und der Gamh.); siehe weiteres im Commentar.

(24) فَقَدْ يَعُودَنْ حَبِيبًا شَانِئٌ * وَيَرْجِعَنْ شَانِئًا حَبِيبْ

(25) سَاعِدْ بِأَرْضٍ إِذْ كُنْتَ فِيهَا * ولا تَقُلْ إِنَّنِى غَرِيبُ

(26) قد يُوصَلُ النَازِحُ النائِى وقد * يُقْطَعُ ذو السُهْمَةِ القَرِيبُ

(27) والمَرْءُ ما عَاشَ فى تَكْذِيبٍ * طُولُ الحَيَاةِ له تَعْذِيبُ

(28) هَذَا وماءٍ وَرَدْتُ آجِنٍ * سَبِيلُهُ خَائِفٌ جَدِيبُ

(29) رِيشُ الحَمَامِ على أَرْجَائِهِ * للقَلْبِ مِنْ خَوْفِهِ وَجِيبُ

(24) Und manchmal wird zum Freund der Feind,
und wiederum zum Feind der Freund.[1]

(25) Sei hilfbereit, wo man dich kennt,
und sage nicht, ich bin hier fremd.

(26) Oft findt, wer fern, die Lieben wieder,
und der zu Haus verliert die Brüder.

(27) Solang in Selbstbetruges Schlafe
man lebt, wird Lebens Läng' zur Strafe.[2]

(28) So ist's — und zu gar mancher Lache schritt
mein Thier hinab in schlimmem Wüstenritt,

(29) an deren Rande Taubenfedern lagen,
ein Ort fürs Herz voll Furcht und Unbehagen:[3]

1) Diese beiden Verse bilden in einigen Handschriften (so in der des Brit. Mus.) wie auch in der Gamh. einen einzigen, welcher dann also lautet:

إِلَّا سَجِيَّاتُ ما القلوبِ * وكم يصيرن شانئًا حَبِيبُ

„du wärst denn schlau in höchstem Maass; und manchmal wird die Lieb' zum Hass".

2) Dass hier, am Schluss der Sprüche, und zwar unmittelbar vor und nach Vers 27 die wahrscheinlich unechten Verse 18 und 19 in der Gamhara stehn, wurde schon oben bemerkt; den gesammten Sprüchen läuft in Imr. 55 nur der daselbst Vers 3b (siehe S. 55, Anm. 2) ausgesprochne Gedanke parallel.

3) Vgl. Imr. 55, 9 („und ich durchritt allein manch weite Strecken, wo auch des Muthigen Herz erfasset Schrecken").

(30) تَطَعّنْه غُدْوَةً مُشِيحًا * وَصَاحِبِى بَازِلٌ خَبُوبُ

(31) عَيْرَانَةٌ مُوجَدٌ فَقَارُهَا * كَأَنَّ حَارِكَهَا كَثِيبُ

(32) أَخْلَفَ مَا بَازِلًا سَدِيسُهَا * لا حِقَّةٌ هِى وَلا نَيُوبُ

(33) كَأَنَّهَا مِنْ حَمِيرِ عَانَةٍ * جَوْنٌ لِصَفْحَتِهِ نُدُوبُ

(34) أَوْ شَبَبٌ يَحْفِرُ الرُخَامَى * تَلُفُّهُ شَمْأَلٌ هَبُوبُ

(35) فَذَاكَ عَصْرٌ وَقَدْ أَرَانِى * تَحْمِلُنِى نَهْدَةٌ سُرْحُوبُ

(36) مُضَبَّرٌ خَلْقُهَا تَضْبِيرًا * يَنْشَقُّ عَنْ وَجْهِهَا السَبِيبُ

(30) vorsichtig ritt ich durch an einem Morgen,
liess die Kamelin für das weitre sorgen.[1]

(31) ein Thier, wildeselgleich, mit festem Rist,
des Rücken wie ein Dünenhügel ist.[2]

(32) mit richtgem Eckzahn — andre folgen bald —,
nicht mehr zu jung, doch auch noch nicht zu alt.

(33) dem Esel in des Rudels Mitte gleich,
dem braunen, dessen Seite narbenreich;

(34) schnell wie ein Reh, das, eingehüllt vom Winde,
im Sande scharrt, ob es ein Pflänzlein finde.[3]

(35) Das war ein Tag! — Auch kann man mich erblicken
gar oft auf hoher Stute langem Rücken.[4]

(36) die war ein Thier von wunderbarem Bau,
(die Stirne trug ein volles Haar zur Schau).

1) Vgl. Imr. 55, 4 („Da reit ich lieber durch die Wüste schnell, wo mein Kamel mein Reisgesell“ — im arab. 4b noch ähnlicher: وصاحبى بازل شملال).

2) Vgl. Imr. 55, 5b كأنّ حاركها اثال „(ein zartes, dessen Ader schlafend ist,) gleich dem Uthâl-berg festgebaut sein Rist“.

3) Vgl. Imr. 55, 6 „auch gleichts [scil. das Kamel] dem ausgewachsnen Wild, das Wind und Schatten eingehüllt“.

4) Auch Imr. 55, 11: „mir gieng voran ein hochgebautes Ross (تقدمنى نهدة سَبُوحٌ), das dürres Futter stark gemacht und gross“.

(37) رَيْتِيَّةٌ نَاعِمٌ عُرُوقُهَا * وَلَيِّنٌ أَسْرُهَا رَطِيبُ

(38) كَأَنَّهَا لِقْوَةٌ طَلُوبٌ * تَيْبَسُ فِى وَكْرِهَا الْقُلُوبُ

(39) بَاتَتْ على آرَمٍ رَابِيَةٍ * كَأَنَّهَا شَيْخَةٌ رَقُوبُ

(40) فَأَصْبَحَتْ فِى غَدَاةِ قَرَّةٍ * يَسْقُطُ عَنْ رِيشِهَا الضَّرِيبُ

(41) فَأَبْصَرَتْ ثَعْلَبًا سَرِيعًا * وَدُونَهُ سَرْبَخٌ جَدِيبُ

(42) فَنَفَضَتْ رِيشَهَا وَلَمْ تَطِرْ * وَهِىَ مِنْ نَهْضَةٍ قَرِيبُ

(43) فَٱشْتَالَ وَٱرْتَاعَ مِن حَسِيسٍ * وَفِعْلَهُ يَفْعَلُ الْمَذْؤُوبُ

(44) فَنَهَضَتْ نَحْوَهُ حَثِيثَةً * وَحَرَدَتْ حَرْدَهُ تَسِيبُ

(37) olivenfarbig, Adern wie beim Schlaf,[1]
und feingebaut (wie selten eins man traf),

(38) die einem muthgen Adlerweibchen gleicht
das seinen Jungen Vogelherzen reicht:[2]

(39) auf hoher Wegsäul' hatte es die Nacht
gleich einer Wittwe trauernd zugebracht:

(40) kalt wars, so das des Morgens vom Gefieder
ihm fiel der Reif gewordne Thau hernieder;

(41) da hat es einen schnellen Fuchs erkannt,
vor dem sich dehnt ein weites, dürres Land.

(42) Die Federn schüttelt es, hält noch zurück,
doch flugbereit ists jeden Augenblick.

(43) Der aber hebt sich, zitternd vor dem Ton,
und thut wie ein zu Tod erschrockner schon:

(44) der Flügel schneller Schlag erreicht ihn bald,
das Adlerweibchen hat ihn gleich erkrallt;

1) Vgl. zu diesem Ausdruck schon S. 59 Anm. 2 (Imr. 55 bei der Beschr. des Kamels!) und weiter den Comm.

2) Hier entsprechen Imr. 55 drei Verse (12—14): „als obs ein muthig Adlerweibchen wäre, dess Schnabel einer Schaufel gleicht, das den vor Hunger dürrgewordnen Jungen das langersehnte Futter reicht, ein Hasenherz von Dhû Aurâl, auch Menschen ein willkommnes Mahl“.

(45) فَدَبَّ مِنْ خَوْفِهَا دَبِيبًا * وَالعَيْنُ حِمْلَاقُهَا مَقْلُوبُ

(46) فَأَخَذَتْهُ فَرَفَعَتْهُ * فَأَرْسَلَتْهُ وَهُوَ مَكْرُوبُ

(47) فَعَاوَدَتْهُ فَطَرَّحَتْهُ * فَكَدَّحَتْ وَجْهَهُ الجَبُوبُ

(48) يَضْغُو وَمِخْلَبُهَا فِي دَفِّهِ * لَا بُدَّ حَيْزُومُهُ مَنْقُوبُ

(49) . . . . [3]

(45) hinschleicht er leise voller Furcht vor ihr
verdreht ist ganz sein Blick, das Auge stier.[1]

(46) Sie packt und hebt ihn, wirft ihn wieder nieder,
er wie betäubt regt kaum mehr seine Glieder;

(47) von neuem schleudert sie ihn, bis zuletzt
sein Angesicht der rauhe Grund zerfetzt;[2]

(48) laut schreit er, da die Krall ihm in der Seite;
durchbohrt ist er, des Adlers sichre Beute. —

[(49) So stürmt mein Ross mit mir dahin zur Schlacht,
die Manchem Tod und Wunden hat gebracht.]

Commentar: Der Commentar des Tibrîzî, den ich der Erklärung jedes einzelnen Verses voraus schicken will, wird durch eine Geschichte eingeleitet, zu welcher als Gewährsmann Muhammed ibn ʿAmr Sohn des berühmten Abû ʿAmr ash-Sheibânî (siehe Flügel, Gramm. Schul., S. 140 oben) angegeben wird; die gleiche

1) Vers 45 steht in der Gamh. schon zwischen 42 und 43 (während Vers 44 dort ganz fehlt, wie das gleiche von Vers 46 gilt).

2) Da die Gamh. den Vers 46 nicht hat, so beginnt Vers 47 daselbst statt mit فعاودته mit فادركته („da ergreift sie ihn" statt „da packt sie ihn von neuem an"); weitere Abweichungen einzelner Codices der Rec. Tibrîzîs siehe im Comm.

3) Der in der Kasside ʿAbîds (sowohl bei Tibrîzî als in der Gamh.) fehlende Schluss („auf einer einem solchen Adlerweibchen gleichenden Kamelin ziehe ich aus etc." od. ähnl.) hat seine Parallele in Imr 55, 15—17 (wo indes der Uebergang wie auch vorher die Scene von der Jagd des Adlers auf den Fuchs fehlt): „Bei manchem Zug war ich mit meinem Heer, dess' Reis'ge Rudeln glichen, flink zur Wehr, Heuschrecken gleich, die auf man stört im Grund, wann der Beschläge Blitzen Kampf macht kund: des Morgens führt ich sie zu Schlacht und Sieg, und mancher Feind blieb todt im blutgen Krieg."

Geschichte bringt auch Abu 'l-Farag († 357 d. Fl.) im Kitâb al-aghânî (Bulaker Ausg.) 19, S. 84, welch letztere Fassung ich (indem ich die sich aus der trefflichen Handschrift Cod. Arab. Monac. 472 wie auch der anderen, 475, ergebenden Textverbesserungen in der Anm. oder in Klammern mittheile) der folgenden Uebersetzung des betr. Stückes zu Grunde lege: „Zu dem was man von 'Abîd ibn al-Abras (d. i. S. des Aussätzigen) ibn Gusham ibn 'Âmir ibn Fahr ibn Mâlik ibn al-Ḥarith ibn Sa'd ibn Tha'laba ibn Dûdân ibn Asad (d. i. der Stamm, dem der Dichter angehörte) ibn Khuzaima ibn Mudrika ibn al-Jâs ibn Muḍar ibn Nizâr ibn Ma'add ibn 'Adnân[2]) erzählt, gehört (auch), dass er ein bedürftiger Mann war und kein Vermögen besass, da machten sich eines Tages, während bei ihm etwas Kleinvieh (غنيمة) war, er und seine Schwester Mâwîja auf, ihre beiderseitigen Schafe zur Tränke zu führen. Es hinderte ihn aber daran ein Mann von den banû Mâlik ibn Tha'laba und behandelte ihn auf gemeine Weise, so dass er traurig und betrübt ob dem, was ihm der Mâlikite gethan hatte, davon gieng, bis er zu Bäumen kam und unter ihnen Schatten suchte, und es schliefen er und seine Schwester (daselbst). Da erzählt man nun, dass der Malikite auf ihn, während seine Schwester an seiner Seite war, blickte und folgendes sprach (Metr. Ragaz):

Dies ist 'Abîd, er hat schon getroffen (d. i. beschlafen) die Majja:
o wenn er sie doch befruchtet hätte mit einem Jungen,
so dass sie schwanger wäre und absetzte (gebären würde) einen schlanken (Knaben)!

Das hörte 'Abîd und es gefiel ihm übel (فساءه) und er erhob seine Hände zum Himmel (نحو السماء), flehte und rief: O Gott, wenn irgend einer (Tibr. wenn er) mich beleidigt und mit Schmäh-

1) So (und nicht 'Ubaid), wie ausdrücklich in der Gamh. vor Beginn des Gedichts (mit Berufung auf eine Randglosse zu Ibn Hishâms Mughnî) angegeben wird.

2) Die Genealogie gibt ki (kit.-al-agh.) schon vorher mit „es sprach Abu 'Amr ash-Sheibânî", wo also wie oft Vater und Sohn verwechselt sind: dort fehlt Fahr (فهر), wofür statt Mâlik vielmehr Mâlik ibn Zuhair ibn Mâlik steht. Für unsere Geschichte führt ki folgende Gewährsmänner an: „Es hat uns berichtet 'Abdallah ibn Mâlik der Grammatiker (mit dem Bein.) aḍ-Ḍarîr (d. i. der Blinde od. Verkrüppelte), der sprach: es hat uns überliefert Muhammed ibn Ḥabîb († 245, vgl. Flügel, Gr. Sch., S. 67) von (den bekannten Grammatikern) Ibn al-A'râbî und Abû 'Amr ash-Sheibânî, welch beide sprachen: zu dem was man von 'Abîd etc." (s. oben).

reden beworfen hat, so lass mich über ihn siegen[1]); und er legte wieder nieder sein Haupt und schlief, und nicht war es vor diesem Vorfall seine Gewohnheit gewesen, Verse zu dichten. Und es wird erzählt, dass zu ihm, während er schlief, einer kam mit einem Ball (*kubba*, Var. *kumma*) von Haaren in der Hand, ihm denselben in den Mund warf[2]) und daraufhin sagte: steh' auf; da erhob er sich und machte Verse (wörtl. Ragazverse) auf die banû Mâlik (بِبَنِي مَالِكٍ) — und man pflegte sie auch *banû 'r-Rathja* (d. i. wie eine Glosse lehrt „Söhne des Gliederweh's") zu nennen —, (also) sprechend (Metr. Ramal):

O ihr Söhne des Gliederwehs, was hat euch (zu diesem Gebahren gegen mich) bewogen?
über euch komme Wehe mit dem Gewand Ḥugr's![3])

Von da an fuhr er fort Verse zu machen und er ward der unbestrittene Dichter der banû Asad.[4])

Was nun das Metrum unserer Kasside wie des Parallel-Gedichtes Imrulḳ. 55 anlangt, so liegt hier eine verhältnismässig seltene Abart von Basîṭ vor: –́ ⏑ ⏑ –́ (bezw. ⏑ –́ ⏑ –́ und andre Varianten) –́ ⏑ –́ (bezw. ⏑ ⏑ –́) ⏓ – ⏓, indem jedoch statt des letzten weiblich schliessenden Gliedes auch – –́ ⏑ –́ (z. B. Imr. 55, 10) erlaubt ist,[5]) womit auch –́ ⏑ ⏑ –́ (z. B. Imrulk. 55, 5) wechselt. Ahlwardt gibt zwar (Verzeichn., S. 6) Munsariḥ als Metrum von

1) *fa-adil-ni:* das folgende *ij'al li min-hû daulatan wa-'nṣur-ni* ist Glosse und nur irrtümlich in den Text gerathen.

2) Wohl symbol. Ausdruck für das Lösen der Zunge zum Dichten und als volksthüml. Anschauung gewiss nicht ohne Analogien.

3) Der Text ist folgendermassen herzustellen:

يَا بَنِى الرَّثْيَةِ ما غَرَّكُمْ * لَكُمُ الوَيْلُ بِسِرْبَالِ حُجُرْ;

Ḥugr ist der von den banû Asad getödtete Vater des Imrulḳais.

4) In ki beginnt nun eine andere Anekdote über 'Abîd: bei Tibrîzî lautet jedoch der letzte Satz ثم اندفع فى قول الشعر فقال (statt ثم استمرّ الخ), worauf sich unmittelbar unser Gedicht anschliesst („darauf fuhr er fort Verse zu machen und sagte: Leer ist etc.").

5) Vgl. auch Nöld., Beitr. zur Kenntn. d. Poesie der alt. Araber, S. 51 (Uebers., S. 42), und Rittershausen's Ausgabe der Einl. des كتاب الشعر des Ibn Kutaiba (Leiden 1885), S. ٣٩ f.

ʿAbîd's Kassîde auf bâ an, hat aber in der ein Jahr vorher (1870) erschienenen Ausgabe der „Six Divans" zu Imr. 55 richtig بسيط notirt, womit auch die Darstellung Freytags in seiner Darst. der Arab. Versk. (Bonn 1830), S. 194 (vgl. auch S. 198 und 193 wie auch noch S. 202 und Anm. 2, wo sogar ein Vers aus ʿAbîd-Kassîde angeführt ist) übereinstimmt. Eines der wenigen Beispiele für dieses Metrum aus vorislamischer Zeit ist ein Gedicht des Aʿshay von 22 Versen (Divan, Nr. 48 = Ms. Esc., fol. 120ᵇ—122ᵃ), welches beginnt الم تروا ارما وعادا * اودى بها الليل والنهار „Habt ihr nicht gesehn, wie Nacht und Tag (d. i. der Wandel der Zeit) Iram und ʿAd hinwegrafften?", wo statt اودى بها eine Variante (näml. in den Shawâhid zur Kâfija, Ḫiz. al-Adab, Bd. 1, S. 347) افناهم bietet: aus diesem sind bei Freyt. (a. a. O., S. 198, vgl. auch Bakri 835 und Sibawaihi II. 37) zwei Verse citirt. Ausserdem vergleiche man noch mehrere Bruchstücke des südarabischen Dichters ʿAlḳama ibn dhi Gadan († 120 d. H.), z. B. im Iklîl in Müller's Burgen und Schl., I, S. 54 (= 386) und 55 (= 387), 65 (= 397), 66 (= 398) und II. S. 88 (= 1040), wo das eine, dessen Anfang wir zufällig aus Ibn Khordâdbeh (ed. de Goeje, S. 138: اقفر من اهله القشيب) kennen, fast ganz wie ʿAbîds Kasside beginnt. Aus dem Anfang der Abbasidenzeit sind zu erwähnen die Verse des Muṭîʿ ibn Ijâs († 140 d. H., vgl. über ihn ki 12, 78–111 und Kremer, Kulturgesch., II, 368 f.) Ham. 273 (Freyt. S. 391): ein weiteres Beispiel aus der Hamasa, wo wenigstens die zweite Vershälfte stets unserem Versmass gleicht, Nr. 403 (Freyt. S. 506), stammt noch aus der Gâhilija, in welche der betr. Dichter (Salmay ibn Rabîʿa) nach Ḫiz. al-Adab III, 408 (vgl. Guidi's Index) gehört. Bemerkenswerth für die Seltenheit dieser Abart des Besiṭ ist noch eine von Lane s. v. رمل angeführte Stelle der arab. Nationallexikographen (vgl. auch noch LA s. v. رمل und s. v. هزل), wonach رمل als t. t. auch auf „any meagre verse, incongruous in structure" (hiebei als Citat der 1. Vers der Kasside ʿAbîds) angewendet wird, was einige auch مهزول nennen: dazu vergleiche man noch eine wohl aus ähnlicher Quelle geflossene Notiz in Freytag's Metrik, S. 8 Anm., wonach „mehrere der vorzüglicheren Dichter vor Muhammed (als welche die arab. Metriker

Muhalhil, Alkama, ʿAbîd u. a. nennen) in den Fehler, Metra zu verwechseln, ohne es zu wissen, gefallen" seien, welches Urtheil übrigens nicht auf die von ʿAbîd gebrauchte seltenere Abart des Besîṭ, eher noch auf den hie und da statt – –́ ⏑ vorkommenden Versschluss ⏓ –́ ⏑ –́, wahrscheinlich aber auf Fälle wie oben Vers 21 (wo mittendrin Ragaz statt des abgekürzten Basîṭ erscheint) od. ähnlich (vgl. z. B. S. 67, Z. 16 f.) sich bezogen und gegründet haben wird.

ʿAbîd, V. 1—3: „*Es ist leer (öd) geworden von seinen Bewohnern Malḥûb, und al-Ḳuṭabîjât und ad-Danûb* (2) *und weiter Râkis und Ṯuʿailibât und weiter Dât-Firḳain und (weiter) al-Ḳalîb* (3) *und weiter ʿArda und die Hinterseite von Ḥibirr, indem daselbst von ihnen keine Seele mehr ist.*" At-Tibrîzi (oder eigentlich der Urform des Namens des östl. von Urmiasee gelegenen Ortes besser entsprechend: at-Tabrêzi): zu Vers 1 اقفر اى خلا من اهله وهذه كلها مواضع. wo also nur das in der alten Poesie (bes dem Eingang oder نسيب) sehr häufige اقفر (syn. اقوى) erklärt wird; zu V. 2 (Var. موضعان) ويروى فثعالبات هذه ايضا مواضع ويروى ففردة ويروى فقفا عبر und zu Vers 3 والقليب البئر ويقال ما بالدار عريب اى ما بها احد ولا يستعمل الّا فى النفى. Wir lernen also hieraus die bemerkenswerthen Varianten *Ṯaʿâlibât* statt *Ṯuʿailibât*, *Farda* statt ʿ*Arda*. ʿ*Ibirr* (so wird mit der Hdschr. des Br. M. zu lesen sein, und nicht, was auch ins Metr. nicht passt, عير) statt *Ḥibirr* kennen, wozu sich noch aus der Gamhara (abgesehn von فردة, wie auch hier steht) die weiteren Lesarten *al-Ḳaṭanîjât* statt *al-Ḳuṭabîjât* und فِجَاجُ حَثْر „die Bergpfade (vgl. Urwa 15, 4: sing. فج Imr. 4, 42) von Ḥaṯr, bezw. Ḥatr (lies Ḥašr?)" statt فقفا حبر gesellen. Was nun all diese meist dem engeren Gebiete der banû Asad östlich von den Bergen Agaʾu und Salmay angehörenden Orte anlangt, so wird über die genauere Lage später, da wo ich von der Zeit und dem Schauplatz des Gedichtes im Zusammenhang spreche, noch gehandelt werden: einstweilen sei für القليب als Ortsname (urspr. „der Brunnen" und zwar der innen nicht ausgemauerte. غير مطوية, vgl. al-Aʿshay Gamh. I, 4, 9 وقليب اجن „und wie manchen Brunnen mit zersetztem Wasser gab es", pl. اقلبة ʿAnt. 6, 2, قلب *ḳulub* Tar. 8, 7; dann auch vom „Grab" Alk. 2, 7, vgl. Ahlw., Ch.-A., S. 42 und als Analogie den Vers Abû 'l-Aswad's, ZDMG. 18, S. 235, Z. 2, wozu auch die Grundbedeutung des Wortes, تراب مقلوب, heranzuziehn) auf Imr. 2, 1, Ham. 379, 1 (S. 490 des arab. Texts) wie auf mehrere andere bei Bakri angeführte Stellen (z. B. S. 73, 731, 547 und 423) verwiesen. — Zu قفا „Hinterhaupt" (Weiterbildung eines ursp. قف, wozu man den Namen des Buchstabens ق im Zusammenhalt mit der ältesten Form des Zeichens vergleiche) siehe ʿAmr Muʿall. Vers 59, Hudh. 1, 11, Ham. 150, 3 (S. 226), Nöld. Beitr. S. 48, Z. 2, an letzterer Stelle übertr. auf den b:n Rücken des Pfeiles; eine weitere Uebertragung, nämlich auf die Hinterseite eines Ortes, bezw. Berges, liegt ausser an unserer Stelle noch Zuh. 9, 9 قفا ادم *ḳafâ Adamin* vor, während Hudh. 118, 3 (*ḳafâ Gadamin*) und Zuh. 10, 4 قفا كثبان das Wort wie noch heute geradezu die Bed. einer Präposition (= خلف *halfa* „hinter") angenommen hat. — Was endlich die Redensart ليس بها منهم عريب anlangt, der sich der verwandte Ausdruck Zuh. 17, 3 ليس بها من اهلها أرم zur Seite stellen lässt, so finden wir sie auch im zweiten Verse der mit عفا متعر beginnenden Kasside auf *-ību* (Tawîl) des Omaijadendichters al-Aḥwaṣ (d. i. des ʿAbd-allah ibn Muḥammad al-Anṣâri, † 90 d. H., vgl. Wüstenf.'s Index zu Jakut: ki 4, 40—59), wo es heisst لم يحلل بهن عريب „indem dort niemand mehr abstieg" (Bakri, S. 535, vgl. auch 506). Die Lexikographen erklären dies عريب durch معرب *muʿrib* „der rein arabisch spricht"; andererseits erinnert das als Parallele angeführte ارم (nach Taʿlab in LA. auch *arîm, iramî, airamî* und *îramî* neben *arim*, wie dort vocalisirt wird, und zwar all diese Ausdrücke nur in Verbindung mit einem vorhergehenden (ما بالدار) an den alten neben ʿÂd in Gedichten so oft genannten Volksstamm Iram, in welchem Loth glücklich die Aramäer erkannt hat (ZDMG., 35, 1881, S. 628), so dass also beide Phrasen urspr. auf ein „indem dort kein Araber, bezw. Aramäer, mehr weilt" hinauslaufen würden, was nach verschiedenen Seiten hin (vgl. einmal die durch die von

Euting in Teimâ entdeckte aramäische Stele[1]) bezeugte kulturgeschichtliche Rolle der Aramäer in Arabien in vorchristlicher Zeit, andrerseits die einstige Identität der Aramäer und Araber[2]), über welche ich ein späteres mal handeln werde) interessante Rückblicke eröffnet und manches zu denken gibt.

'Abîd, Vers 4: „*Und sie erhielten als Tausch für ihre Bewohner Wild, und es h. verändert ihren Zustand der Lauf der Dinge* (wörtl. *die Ereignisse*).“ Zu diesem Vers gibt at-Tibrizi keinen Commentar; zu bemerken ist aber, dass seine Recension in allen Handschriften من اهليها *min ahli-hâ* statt des durchs Metrum gebotenen *ahla-hâ* hat, wie auch fast alle Gamhara-Handschriften (mit Ausnahme der Kairener, deren von Kremer beschaffte Abschrift sich seit 1886 im Brit. Mus. sich befindet) ان بدلت من اهليها lesen, was allerdings (vgl. z. B. Tar. 5, 19, Imr. 47, 1, Muf. 27, 8) die gewöhnliche Konstruction ist, so dass man fast versucht wäre, dies من اهليها beizubehalten und zu den oben S. 65 besprochenen metrischen Ungenauigkeiten 'Abid's zu rechnen. Da aber die Konstruction mit dopp. Acc. (statt nur eines Acc. und من) schon im Korân vorkommt, so möchte ich doch der durchs Metrum geforderten Lesart *ahla-hâ* den Vorzug geben.

'Abîd, Vers 5 und 6: „*ein Land, das öde Strecken unter sich vererben* (d. i. wo solche ununterbrochen auf einander folgen), *so dass jeder, der sich da niedergelassen, ausgeplündert wurde*, (6) *sei es dass er (dabei) getödtet wurde oder sonst zu Grunde gieng -- und das Greisenalter ist eine Schmach für den, der grau wird*“. At-Tibrîzi (zu Vers 5): ويروى توارثها شَعُوبٌ وعى

1) Vgl. meine babyl.-assyr. Gesch., S. 666, wo leider das Wort *Ṣalm* aus Versehn ausgefallen ist, indem es heissen muss „einen Stein mit aram. Inschrift und dem Bild eines nach assyr. Tracht gekleideten Priesters des Gottes *Ṣalm* (Namens) Ṣalm-mushêzib (so ist צלמשיזב zu transscribiren!) Sohnes des Petosiri“, wo man die Kreuzung ägypt. und assyr. Einflüsse in den beiden Personennamen besonders beachten möge. — Uebrigens hatte, wie ich soeben noch finde, schon Lane (Lexicon, p. 905, s. v. دلوق) *Iram* mit „Aram son of Shem“ identificirt.

2) Vgl. einstweilen meinen Bericht „Arabien und der Islâm“ (Wiss. Jahresber. d. Dtsch. Morg. Ges. für 1881, Leipz. 1885), S. 117; in dem Aufsatz „Die sprachgesch. Stellung des Babyl.-Assyrischen“ werde ich auf diesen Punkt zurückkommen.

ويروى اما قتيل واما المنيّة وحروب مسلوب und zu Vers 6: واما ان يكون ذلك الحروب قتيلا هالك بالرفع وتقديره بالنصب اما ان يكون هالكا وقوله والشيب شين لمن يشيب يقول ان لم يقتل عمّر حتى يشيب فشيبه شين له وكانوا يستحبون ان يموت الرجل وفيه بقية قبل ان يفرط به الكبر d. i. und es wird auch überliefert *ša'ûbu* statt جدوب und das ist „das Schicksal", „der Tod" [personificirt und deshalb dipt., vgl. Gamh. II, 3, 'Adî ibn Zaid, V. 27 *sa-taš'abu-hû 'an-hâ ša'ûbu* „es wird ihn von ihnen trennen der Tod"] und حروب heisst ausgeplündert, und es wird auch überliefert *ḳatîlun* und *hâlikun* im Nominativ, und seine „restitutio in integrum" bei der Accus.-lesart ist „sei es dass dieser ausgeplünderte nun getödtet ist oder sei es dass er sonst zu Grund gegangen", und was das übrige (*wa-'š-šaibu* etc.) anlangt, so sagt er (damit): wenn er nicht getödtet wurde, so blieb er überlebend, bis dass er grau wird und in Folge dessen sein Greisenalter ihm eine Schande ist, und man hat es gern, dass der Mann stirbt (und darin liegt ein Vorzug) bevor noch das Greisenalter über ihn hereinbricht". Ich ziehe جدوب der andern Lesart vor, weil die Gegenseitigkeitsform توارث einen Pluralbegriff verlangt, weshalb auch *gudûb* (Plur. von *gad'b* aus *gadib* bezw. *gadub*, wozu man Lagarde's Ausführungen in seiner „Uebersicht" vergleiche) und nicht etwa *gadûb* zu vokalisiren ist: vgl. Hudh. 99, 33 *gudûbun wa-amḥulu* (pl. von *maḥl*, syn. von *gadb*), dagegen 'Abîd V. 13 *al-maḥlu wa 'l-gudûbu* (Sing.). — Zu حروب vgl. Muf. 20, 36, Nab. 2, 9, Tar. 14, 6 u. a. Stellen mehr. — Während شيب nicht weiter belegt zu werden braucht, sei für *šainun* auf Muf. 25, 31 oder Gamh. III, 7 (Mutanaḫḫil), V. 22 بهم شَيْنٌ مِنَ الضَّرْبِ الخِلَاطِ verwiesen; zu اما   اما vgl. noch Nöld. Tabari 321 ('Adî ibn Zaid) und Lane 274 (al-Kumait). — Im Kitâb al-aḍdâd (ed. Houtsma) S. 82 wird Vers. 6 zusammen mit Vers 28 angeführt (ورب ماء وردت اجن الخ) und zwar mit der Variante بَلْ إِنْ أَكُنْ قد عَلَتْنِى ذُرْأَةٌ „vielmehr wenn Weisswerden der Haare (vgl. Lane s. v. بلع den Vers Hassan's, wie den von Gauhari citirten ebenfalls mit قد علتنى ذرأة beginnenden Vers, nach TA des Ragazdichters Abu Nuḫaila des Sa'diten, siehe Ki 18, 151. Z. 9 v. o.) mich befallen (vgl. Ham. 264, 16, arab. Seite 380) hat"; eine weitere Var. bietet die Gamhara, nemlich أما قتيلا او شيّب قوّد „entw. getödtet oder mit weissem Haar an der Schläfe", wo für قوّد Imr. 48, 28 = Mu'all. V. 30 zu vergleichen ist.

'Abîd, Vers 7: *Du neigst zu Jugendthorheiten, doch woher kommt dir die Neigung zu solchen, woher, da doch schon das graue Haar dich erschreckt hat?* At-Tibrîzî: تصتو من الصبوة يعنى العشق انى لك اى كيف لك بهذا بعد ما قد صرت شيخا وراعك افزعك. wo weiter nichts zu erwähnen ist, als dass الصبوة (Var. الصبو) *aṣ-ṣabwatu* (bezw. *aṣ-ṣabwu*, oder auch *aṣ-ṣubûwu*) zu lesen; vgl. Muf. 16, 7 صبوة ولهو und zum ganzen Stamm صبا (urspr. „sich neigen") den besonders lehrreichen Artikel bei Lane, speciell zum Infinitiv *ṣiban* (aus *ṣibawun*) aber Lagarde, Uebersicht, S. 155 (bezw. 153 ff.). Zu صبا (3. s. perf.) vgl. noch Muf. 11, 1 *fa-ṣabá wa-laisa li-man ṣabá ḥilmû* (= Tar. App. 24, 1) d. i. frei „Jugend hat keine Einsicht" und besonders Ham. 264, 16 (Text, S. 380) *ṣabá má ṣabá* „er war ein Kind (d. h. er betrug sich kindisch) so lang er jung war", welcher Vers (des Duraid ibn aṣ-Ṣimma) auch bei Lane angeführt ist, und zu التصابى (inf. der sog. 6. Form) Nab. 21, 1 *wa-kaifa taṣâbî 'l-mar'i* „wie ziemt sich das jugendliche Benehmen des Mannes (während schon graues Haar ihn deckt)?" — Statt des zweiten Halbverses bietet eine andere Lesart (siehe Lane, p. 1627) *wa-r-ra'su ḳad šâba-hu 'l-mašîbu* „und das Haupt, bereits hat ihm das Greisenalter (das Haar) gemischt (d. i. grau gemacht)".

'Abîd, Vers 8: „Deine Augen, ihre Thränen fliessen (um die entschwundene Liebe und Jugend), als ob ihre Thränenquellen ein zerrissener Schlauch wären." At-Tibrîzî: سروب من سرب الماء يسرب والشعيب المزادة المنشقة والشان تجرى الدمع Zu *sarûb* (eigentl. „aufs Geradwohl dahingehend, bezw. dahinfliessend") vgl.

ausser dem bei Lane citirten Vers noch Hudh. 9, 15 (vom Panther). — *šu'ûn* (pl. von *ša'n*) findet sich in der gleichen Bedeutung noch Muf. 11, 2 und Labîd 16, 11 („da wandte ich mich an einem Abend, während die Thränenkanäle einem Eimer glichen“). — *ša'îb* ebenso Imr. 65, 4 (in ähnl. Zusammenhang), pl. gewöhnlich *šu'ub* (so die Lexica) aber auch *šu'ûb* (sonst pl. von *ša'b* „Stamm“ z. B. Tar. 10, 10), so in der Berliner Gamhara, wo unser Vers lautet: ما بَالُها دَمْعُها سَرُوبُ كأنّ اجفانها شعوب. was ists mis ihm (näml. dem Auge), dass seine Thränen fliessen, als ob seine Lider zerrissene Schläuche wären“, wenn hier nicht einfach شعيب herzustellen ist. Dass in der Gambara unser Gedicht mit Vers 8 bis 11 beginnt, wurde schon oben, S. 54 Anm. bemerkt. — Sonst ist noch zu unserm Vers zu vergleichen Hudh. 74, 7 und 8 (dort *šannat* statt *ša'ib*) und die Stelle des Parallelgedichtes

Imrulk. 55, Vers 1: „Deine Augen, ihre Thränen sind Schöpfeimer (*sigâl*), gleich als wären ihre Thränenkanäle rinnende Wasser (*aušâl*)“, wozu der Escurialcodex (vgl. oben S. 53) folgenden Commentar[1]) gibt: السجل الدلو فيه ماء والشان والجمع شؤون هو مواصل قبائل الرأس ومنها تجيء الدمع والوشل الماء يقطر من الجبل. Zu *sigâl* (sing. *sagl* Nab. 19, 11 u. ö.) vgl. Lab. 17, 7, Hudh. 49, 6 (*saglin min as-sigâli*) und 99, 13 und zu *aušâl* Khansâ 72, 2, Labid 39, 47 (*mâ'u l-wašal*) und Nöld. Beitr. S. 44, V. 4. Liegt شان in der Bedeutung „Hirnnaht“ (von wo sich die Araber die Thränenkanäle ausgehend dachten) etwa in dem mir theilweise dunkeln zweiten Halbverse von Muf. 25, 37 vor?

'Abid, Vers 9: „ein brüchiger (alter, scil. Schlauch), oder ein schnelles (Wasser,) welches rasch abfliesst von einem Hügel, unter[2])

1) Vorher gehen als Einleitung uns die Worte: وقال ايضا ولم يعرفها الاصمعى (also dem Aṣma'î unbekannt, wozu man Ahlwardt's Six Divans p. VI und zu Abû 'Ubaida jetzt Goldziher's Muh. Stud. I. 195—206 vergleiche).

2) Vgl. die Glosse der Gambara دونها اى تحتها und überhaupt zu دون Ahlwardt, Ch. al-A., S. 60.

dem sich Risse bilden". Comm.: ويروى او معين معن ويروى او هضبة[1] وواهية بالية والمعين الذى ياتى على وجه الارض من الماء فلا يردّه شى (Var. الشىء) والممعن المسرع واللهوب جمع لهب ولهو شق فى الجبل يقول كانّ دمعه (Var. معه) ماء يمعن (Var. ممعن) من هذه الهضبة منحدرًا واذا كان كذلك اسرع له لهوب (Var. سفلها) اذا انحدر الى اسفل وفى اسفلها. Zu واد vom Leder (اديم) vgl. Nöld. Beitr. 110. V. 5 (Mutammim) und Ham. 137, 2 (arab. S. 205): امعن „eilig vorrücken" ʿAmr b. K. 50. Ant. 21, 53; معين nach Nöld. Beitr. S. 44 (Garir) und Tabari ١٠٣٧ (Uebers., S. 344), pl. *muʿun* Hudh. 16, 7 (dort auch *luhûb*: pl. *alhâb* Vers Abu Dhu'aib's Lane s. v. كربة); هضبة nom. un. von هضب (letzteres z. B. Imr. 59, 1).

ʿAbîd, V. 10: „oder wie ein Bach mitten im Grund eines Flussthals, zwischen welchem hin das Wasser brausend fliesst (wörtl. ein Brausen hat)"; Comm. فلج نهر صغير وقسيب الماء واليله وثجيجه وعجيجه صوت جريه. Von *falag* (äth. *falag* „Flussthal", bab. *palgu*, st. c. *palag* „Kanal", hebr. *peleg*) heisst der Plural *falagât* Muf. 15, 2, wozu man سيلانات W. Z. K. M. I, S. 264, خيالات Zuh. 18, 5, بَابَات Hud. 97, 23, كاسات Fleischer's Kl. Schr. I, 529, اسلات LA s. v. *asal* u. a. m. (äth passim: bab z. B. *ênu* „Quelle", *ênâti*, *nâru* „Strom", *nârâti* etc., cf. Delitzsch's Gramm., S. 188 f.) vergleiche. Das seltene قسيب kann ich bis jetzt nicht weiter belegen.

ʿAbîd, V. 11: „oder wie ein Flüsslein im Schatten von Palmen, unter welchem das Wasser dahinfliesst (wörtl. ein Fliessen hat)". Comm.: الجدول النهر الصغير والسكوب اراد انسكاب فلم تمكنه القافية. Zu *gadwal* (zur Form cf. oben S. 18) vgl. Hudh. 100, 10. Zuh. 9, 15, Imr. 4, 7 (pl. *gadâwil* Ham. 29, 1 auf S. ٧٣) und den Parallelvers

Imrulkais 55, 2: „oder ein Bächlein im Schatten von Palmen, unter welchen das Wasser kreist (wörtl. ein Kreisen, einen Tum-

1) So auch LA s. v. معن.

melplatz hat)", wozu, da der Comm. (Escur.) nichts bemerkt, ich nur für *magâl* (von جول) Imr. 19, 40 und Ham. 13, 3 (p. ۴۴) citire. — Die Verse 10 und 11 bei ʿAbîd sind ursprünglich wahrscheinlich ein und derselbe Vers mit verschiedenen Varianten, was auch durch die Lesart im Asâs s. v. تسب nahegelegt wird.

ʿAbîd, Vers 12: „wenn ihre Bewohner von ihnen fortgekommen sein werden, so ist das weder undagewesenes noch verwunderlich; Comm. ويروى ان تلك حالت اى تغيرت عن حالها وحولوا نقلوا والبدىء المبتدء اى ليس هى باول ما خلا من الديار ولا ذلك تعجب وقد يكون بدىء بمعنى عجيب يقال رايت امرا بديئا وفريا اى عجيبا. Die Gambara bietet فان يكن حال اجمعوها „wenn weggezogen sein werden sie alle zusammen" (Var. der Berl. Gamb. نازلوها فليس بدع ولا عجيب . . . . . .), wozu man wegen *bidʿun* Labîd 16, 20, besonders aber Mufadd. 34, 42 vergleiche).

ʿAbîd, Vers 13: „oder wenn öd (leer) geworden sein wird von ihnen ihre Thalsenkung und sie heimgesucht hat die Trockenheit und Dürre". Comm.: جوها اوسطها (Var. وسطها) وعادها اصابها واصله من عيادة المريض ويروى او يك اقفر منها اهلها والاول اجود والمحل والجدوب واحد وهو قلة المطر. Zu جو in der Bedeutung „Thalsenkung" vgl. noch Imr. 55, 16, Lab. 12, 28, Zuh. 10, 32 u. ö., zur Form بو ,قو u. a., zur Etymologie (urspr. Hohlraum, besonders von der Luft) meine Bemerkungen in der Neuen Kirchl. Zeitschr., I. S. 411, Anm. 1. Nicht selten ist محل „Dürre", „Not", z. B. Lab. 2, 20, Muf. 14, 8; 15, 19 u. ö.

ʿAbîd, Vers 14—27: „und so wird denn jeder, der Woltaten empfangen, ihrer beraubt, und jeder der Hoffnung hegt, ist betrogen". Comm. المخلوس المسلوب واحد اى كل من امل املا مكذوب فلا ينال كل ما يومل. (15) „und jeder der Kamele besitzt, muss sie (an einen andern) vererben, und jeder der Beute hat, wird wieder ausgebeutet (d. i. ausgeplündert)", Comm. ويروى موروثها[1] اى يورثها غيره يقول من كان له شىء سلبه من غيره فانه سوف يسلب يوما مّا ايضا ولم يدم ذلك له (Var. عليه)

1) und dann im Text موروث.

الموت عليهم اي ياتى (Var. ولا بد من الموت). (16) „und jeder, der in der Ferne weilt, kehrt wieder, aber der in der Ferne des Todes weilende kehrt nie mehr wieder“. Comm. لا يووب لا يرجع اى لا يرجع ميت الى الدنيا ابدا. (17) „Ist etwa eine Unfruchtbare gleich einer, die Kindersegen hat, oder einer der Beute macht gleich einem der leer ausgeht?“ Comm. العاقر من النسآء التى لا تلد ومن الارض (Var. الرمال) التى لا تنبت شيا واراد بذات رحم الولود اى لا تستوى التى لا تلد والتى تلد ولا يستوى من خرج فغنم ومن خرج فرجع خائبا. (18) „wenn einer die Menschen bittet, so verweigern sie's ihm, wer aber Gott bittet, der geht nicht leer aus“, Comm. قال ابن الاعرابى هذا البيت ليزيد بن الضبة[1] الثقفى (siehe oben S. 57, Anm. 1). (19) „Durch Gott erreicht man jegliches Gute, das Wort aber ist teilweise[2]) schwach“, Comm. تلغيب اى ضعف من قولهم سهم لغيب (Var. لغب) اذا كانت تذذه بطنانا وهى ردى ورجل لغيب (Var. لغب) اى ضعيف واللغوب التعب. (20) „Und Gott, er hat keinen, der mit ihm teilt, er kennt das, was verborgen halten die Herzen“ (siehe oben, S. 57, Anm. 1): (21) „lebe von was du willst, da man ja hie und da auch zum Ziel kommt durch Schwäche, und auch der Gescheite zuweilen getäuscht[3]) wird“, Comm. ويروى افلج بالجيم وافلح بالحاء من الفلاح وهو البقاء والخير اى عش كيف شئت ولا عليك الا تبالغ فقد يدرك الضعيف بضعفه ما لا يدرك القوى وقد يخدع الاريب العاقل عن عقله ويروى فقد يبلغ بالضعف قيل سأل سعيد بن العاصى الحطيئة من اشعر الناس فقال الذى قال افلح بما شئت البيت (22) „Nicht können die Leute warnen (bekehren), den, welchen nicht warnt das Schicksal, und nichts nützt (da) warnende Geberde“,

1) Vgl. يزيد بن ضابى الكلابى Jakut. 3, 140 f. Auch يزيد بن الحكم heisst bald الكلابى, bald الثقفى.

2) Vgl. Labîd 44, 8 (اهابا فى بعضه اوصالُ) und بعض القول Hudh. 110, 8, Hamd. 209, 4; zu لغب vgl. Muf. 31, 27, Ham. 93, 3 und Lab. 9, 47.

3) Zu خدع vgl. Muf. 17, 18 („als zu geben verweigerten die Genossen“).

Comm. ويروى من لم يعظ الدهر يقول من لم يتعظ بالدهر وما يمر من احداثه وخطوبه فان الناس لا يقدرون على عظته والتلبيب التكلف والتصنع له[1] من غير طباع ولا غريزة. (23) „nichts nützt der natürliche Verstand so, dass man die Bildung entbehren könnte, ausser es wären (ganz besondere) Geistesanlagen und Einsicht", Comm. اللب العقل والنحيات جمع النحية وهى الطبيعة والشيمة التى ولد الرجل عليها واراد بالقلوب والذكاء وصفاة الذهن. (24) „und gar manchmal wird wieder zu einem Liebenden ein Hasser und umgekehrt wiederum zu einem Hasser ein Liebender", Comm. الشانئ المبغض وهذا مثل قول النبى صلى الله عليه وسلم احبب حبيبك هونا ما عسى ان يكون بغيضك يوما ما وابغض بغيضك هونا ما عسى ان يكن حبيبك يوما ما (keine Koranstelle); zu der S. 58, Anm. 1 angeführten Lesart hat die betreffende Handschrift folgenden Commentar: ما صلة يقول لا ينفع التلبيب الا نحيا القلوب والشانى هو المبغض يقول كثيرا ما يتحول العدو صديقا ويروى الا سجايا من القلوب يقول لا ينفع الا ما كانت سجية اللب; zu سجية „Natur, Art" vgl. Muf. 13, 5 und Ham. 126, 8 (vgl. auch Nab. 20, 19). (25) „Hilf (den Leuten) in einem Land, wann du dort bist und sage nicht: ich bin ein Fremder", Comm. ساعد من المساعدة اى ساعدهم ودارهم والا اخرجوك من بينهم وقيل لاتقل انى غريب بل واتهم واعنهم على امورهم كلها ولا تقل لا افعل ذلك لانني غريب; Ibn Kuṭaiba im كتاب الشعر liest ساعف statt ساعد, auch ist noch zu bemerken, dass der (von mir S. 58 vorgezogenen) Lesart der Gamh. فيها die Lesart بها der Vulgata gegenübersteht. (26) „gar manchmal findet Wiedervereinigung (mit seinen Lieben) der Weggezogene, Entfernte und Trennung der noch bei seiner Verwandtschaft Lebende, Nahe", Comm. النازح والنائى واحد وهو البعيد النسب والدار ويقطع يعق والسهمة النصيب وذو السهمة ذو السهم والنصيب [ما] يكون لك فى الشى يقول يعق الناس ذا قرابتهم

[1] Var. تكلف اللب statt التكلف والتصنع له; zu تلبيب vgl. Gamh. V, 5 (Abu Zubaid), Vers 13.

ويصلون الاباعد فلا تمنعك الغربة ان تخالط الناس وتساعدهم على امورهم; Var. فلا يمنعك اذا كنت فى غربة ان تخالط الناس بالمساعدة لهم (27) „und der Mensch, so lang er in Selbstbetrug lebt, ist ihm die Länge des Lebens eine Strafe“, Comm. يقول الحيوة كذب وطولها عذاب على من اعطيها فلا يقاس من الكبر وغيره من عبر الدهر (Var. لما يقاسى).

Imrulk. 55, Vers 3 (Parallele zu ʿAbîd V. 7, bezw. Vers 14 bis 27, siehe oben S. 55, Anm. 2): „vom Gedenken an Lailay (sind deine Augen nass), doch wo ist (jetzt) Lailâ? und das beste dessen, was du erstrebt hast, wird dir nicht gewährt“; ohne Comm. im Cod. Escur.

ʿAbîd, Vers 28: „So ists — und wie manches stehende (zersetzte) Wasser gab es, zu dem ich hinabstieg, zu welchem der Weg schrecklich (und) öde (eigentl. dürr, ausgetrocknet) war“; Comm. يقال اجن الماء ياجن واسن ياسن اذا تغير ريحه ولونه وقوله خايف اى (Var. اراد انه) يخوف المسلك (Var. المسالك) وقد يقوم الفاعل مقام المفعول ويروى يا رب ماء صرى وردته جمع صراة وهو القليل (Var. المتغير الاصفر) ويروى وردت اجن Zu هذا وماء (wofür übrigens auch die Lesart بل رب ماء vorkommt) vergleiche die ähnliche Wendung Vers 35 فذاك عصر und zu beidem Ahlwardt, Ch. al-A., S. 208. Für اجن cf. ebendas. S. 64 (= Muf. 25, 45), Tar. 1, 4. Lab. 17, 32 u. ö. und für صرى Ham. 629, 6, Var. (dort von der zersetzten im Euter übrig gebliebenen Milch).

ʿAbid, Vers 29: „an dessen Ufern Taubenfedern lagen, aus Furcht vor welchem das Herz Zittern erfasste“: Comm. ارجاءه نواحيه والوجيب الخفقان من خوف او غيره. Es sei hier statt vieler anderer Belegstellen nur die eine, Gamh. I, 4 (al-Aʿshay), Vers 9, angeführt: (Metr. خفيف) وقليب اجن كان من الريش بارجائه سقوط النصال „und wie manchen Brunnen (siehe oben S. 65) mit zersetztem Wasser, als ob von den an seinen Rändern liegenden Federn Pfeilspitzen herabfielen“. — Die Parallelstelle Imr. 55, 9 siehe nachher.

ʿAbid, Vers 30: „welches ich durchschnitten habe eines Morgens vorsichtig, indem meine Genossin eine wolbeleibte (die Vulgata-

Lesart ist بادن, doch Gamb. richtiger بازل „ein neunjähriges K.", vgl. meine „Säugethiernamen", S. 156) schnelltrabende (Kamelin) war"; Comm. مشيحا اى مجدّا وبادن اى ناقة ذات بدن وجسم وخبوب تخب فى سيرها قطعته يعنى الماء ويروى هبطته. Auch im كتاب الاضداد (ed. Houtsma), p. ١٧٧ wird der Vers mit بازل statt بادن citirt, wie ja auch die gleich folgende Parallelstelle بازل bietet:

Imrulk. 55, 4: „zuweilen durchschneide (d. i. durchziehe) ich das Land, während es wüste ist, indem meine Genossin eine neunjährige (Kamelin), eine leicht einherschreitende"; Comm. صاحبه يعنى ناقته والشملال السريعة الخفيفة وبازل ناقة بنت ست الى تسع سنين ويروى قد بلا واو[1] وقال اليزيدى ويروى وهى قفر ورايت هذه الرواية فى نسخة عن السكرى. Al-jazîdî ist vielleicht der 202 gestorbene Ibrâhîm al-J. (Jakut, Index, S. 774), gewiss aber einer der in Flügel's Gramm. Schulen der Araber, S. 90 f. genannten Jazîdî's. Zu شملال vgl. Imr. 52, 54 (dort vom Pferd) und das verwandte Kamel-epith. شملة *šimillat*, Säugeth. 171.

'Abîd, Vers 31: „eine wildeselgleiche, deren Wirbelsäule festgebaut ist, wie wenn ihr Widerrist ein Sandhügel wäre"; Comm. ويروى مضبر (s. Vers 36) فقارها قال ابو عمرو الموجدة التى تكون عظم فقارها واجدا ومضبر موثق واصله من الاضبارة وهى الحزمة من الكتب والفقار خرز الظهر ويقال لها الدايات واحدتها داية وحارجها منسجها والكثيب الرمل شبه حاركها به لسمنها واشرافه وانملاسه, wo zu den letzten sechs Worten die Var. وصف حاركها بالاشراف والملاسة zu notiren ist. Zu عيرانة vgl. Säug. S. 183, Ch.-A. 243, Nab. 5, 7, Lab. 13, 8; 15, 28, Imr. 3, 8. Muf. 9, 10; 30, 6; 37, 34 etc., zu موجد Ch.-A., S. 131, zu فقار Nab. 14, 4, Zuh. 1, 14, Lab. 29, 2, Muf. 11, 27; 17, 15, und zu حارك (كثيب braucht nicht belegt zu werden) Ch.-A. 238 (und 220), Lab. 39, 44, Imr. 34, 14 (pl. Tar. 10, 11) und in der Parallelstelle

---

1) Der Text des Cod. Escur. hat nämlich وقد اقطع الارض قفرا.

Imrulk. 55, 5: „eine zartgebaute, mit schlafender Fussader (Parallele zu ʿAbîd, Vers 37, s. unten), als ob ihr Widerrist der Berg Uthâl wäre“: Comm. ناعمة من النعيم يقول عروق رجليها ساكنة والحارك المنسج والمنسج ما انحدر عن السنام وارتفع عن العنق اثال جبل الرواية يروى ايبال وهو جمع ايبالة والايبالة الحزمة من الحطب. Zu ابجل (pl. اباجل) Imr. 20, 47 und Zuh. 15, 11 (beidemal vom Pferd): für die Bestimmung der Lage des Berges Uthâl (auch Muf. 31, 26) kommt vor allem die Landschaftsschilderung in dem Gedicht Nr. 17 des Labîd (Vers 48—53) in Betracht, wonach die Orte الملحان, صاحة, دعر, الرباب, und البقار in der Nähe sind (vgl. die Uebersetzung bei Kremer, Ueber die Gedichte des Labyd, S. 48), was (vgl. Hamdânî 306 = ١٧٨, Z. 14, 18 und 19, und weiter 310 = ١٨١, Z. 4) auf die Gegend zwischen Baḥrain und Iemâma, die Wohnsitze der banû Tamîm (Hamd. 310, wo charakteristischer Weise unser Vers nicht dem Imrulkais, sondern dem ʿAbîd zugeschrieben wird) für den Berg Uthâl hinweist.

ʿAbîd, Vers 32: „deren Sechszahn sich bereits hatte nachfolgen lassen einen Eckzahn, indem sie (die Kamelin) keine vierjährige mehr war, doch (andrerseits) auch noch keine ganz alte“: Comm. (Var. بعد ما بزلت) اخلف اتى عليها سنة بعد البزول وسديس سن يطلع (Var. ينبت) قبل الناب والناب يبزل بعده فاذا[2] اتى عليها بعد البزول عام او عامان يقال [لها] مخلفة عام او عامين فاذا اشمط ذنبها واسنت يقال لها ناب وللبعير ثلب وهو فى هذه المدة بعد البزول عود فاذا كبر وجرى الزوال من فيه يقال بعير ماج اى يمج ريقه وما صلة كانه قال اخلف بازلا اذا سقط السديس واخلف مكانه الناب البازل والحق الذى قد اتى عليه من نتاجه اربع سنين سمى حقا لانه استحق ان يحمل عليه. Zu اخلف vgl. Säug. S. 58 und 156 wie Muf. 27, 10, zu بازل Säug. S. 147, Anm., zu سديس Säug. S. 155, LA. s. v.

1) Var. قبل البازل والبازل بعده.

2) Var. (von فاذا an bis Schluss): فاذا جاوز البزول بعده بعام قيل اخلف بازلا يقول سقط السديس واخلف مكانه البازل.

سن, Muf. 33, 11 auf S. 88 (v. d. Gazelle) und Hudh. 2, 9, zu حقة (pl. حقايق) Kâmil 566 (in einem Regez-Vers) und zu نيوب *naijûb* der Form halber بيوت Hudh. 92, 81, بيقور LA. s. v. عيل, عيوق Capella, ديوث u. a. Was endlich ما anlangt, so liegt hier (vgl. auch oben im Comm. zu Vers 24) das sog. *mâ* الزايدة richtiger das verallgemeinernde und zugleich verstärkende ما vor, über das die meisten arabischen Grammatiken sich so ziemlich ausschweigen und wofür ich für heute nur kurz auf folgende Stellen[1]) hinweise: Hudh. 78, 14 (Comm. wie gewöhnlich: وما زائدة), 92, 61 (عما قليل statt عن قليل), 93, 44. Hassan 169, 28 (Lane s. v. بنى) und die Verse bei Howell, Grammar II. III (Allahabad 1880) p. 570—574.

'Abîd, Vers 33: „wie wenn sie ein dunkler von den Wildeseln eines Rudels wäre, an dessen Seiten Narben sich befinden": Comm. اى كان هذه الناقة حمار جون والجون يكون الابيض والاسود وهو من الاضداد وصفحته جنبه ويروى كأنها من حمير غاب وهو مكان وندوب آثار العض من الحمير. Die Lesart غاب ist die der Gamhara, die (von mir عانة corrigirte) Lesart عانات die der Vulgata. — Von hier ab beschränke ich mich fürs Citiren von Belegstellen nur auf das absolut notwendige.

'Abîd, Vers 34: „oder eine Antilope, welche die Rukhamay-Pflanze ausscharrt und welche (in Sand) hüllt ein Nordwind, ein starkwehender"; Comm. ويروى مرتعى الرخامى والشبب الذى تد تم شبابه وسنه والمشب والشبوب واحد والرخامى نبت وتلفه يعنى تلف الثور ولفها له اتيانها اياه من كل وجه والهبوب الهابة. Zu رخامى vgl. noch Imr. 63, 12 (zur Form خزامى), zu شمأل oben S. 21, zu هبوب das von Praetorius damit zusammengestellte babyl. *abûbu* „Sturmflut". Dazu die Parallelstelle

Imrulk. 55, 6: „wie wenn sie eine bereits entwöhnte (abgesetzte) Antilope wäre, welche der Wind und die Schatten ein-

1) Vgl. auch das von D. H. Müller ZDMG. 37 (1883), S. 396 und A. 2 beigebrachte, wozu auch die südarabischen Eigennamen Abî-ma-el und Abî-ma-'Athtar (denen ich noch Ili-ma-jada' Hal. 275 und Ili-ma-nabaṭ Hal. 154, 26 hinzufügen kann) gehören.

hüllen"; Comm. الظلال جمع ظل وهى الانداء (?) يقول كان ناقته ثور قد تمت اسنانه اصابته الريح والانداء (?) فهو يبادر الى كناسه.

'Abîd, Vers 35: „und das war eine Zeit — und zuweilen auch sehe ich mich getragen von einer hohen, langrückigen (Pferdstute)"; Comm. اى ذاك عصر قد مضى اى دهر فعلت فيه ذلك ونهدة وسرحوب سريعة سريحة فى السير سحة وقيل طويلة الظهر. Bevor die Beschreibung von der Kamelin zur Pferdstute übergeht, hat das Parallelgedicht noch folgende Verse:

Imrulk. 55, 7: „wie wenn sie (die Kamelin) die Ziege einer Thalbauchung wäre, welche dahinläuft, nachdem bereits abgesetzt (entwöhnt) ist (ihr) Junges"; Comm. العنز الظبية اختلج عنها ولدها.

55, 8: „mit einem Laufe, dessen Zwischenraum (= Schrittweite) du klafterlang siehst, indem ihn vorwärts bringen Schienbeine, schnell laufende"; Comm. اى ترى بين كل وثبة ابواعا تحفزه تدفعه, woran sich dann der Uebergang zur Schilderung des Pferdrittes (in 9ᵇ zugleich die schon oben erwähnte Parallele zu 'Abîd, Vers 29ᵇ) folgendermassen anschliesst:

55, 9 (citirt LA. s. v. جأل): „und wie manchen weiten Grund gab es, den ich allein betrat, aus Furcht vor welchem das Herz Zittern überkam"; Comm. الغايط ما اتسع من الارض واطمأن اجئلال فزع يقال اجألّ الرواية روى الاصمعى من خوفه اوجال, wonach also auch al-Asma'î dieses Gedicht gekannt und überliefert hat.

55, 10: „auf welchen sich ergoss ein Frühlings- und Sommerregen, (so dass es war) als ob seine Wasserläufe (ausgefransten) Teppichen glichen"; Comm. قريان مجارى الماء الى الرياض الواحد قرىّ وهى معشبة فيها زهر كثير اخضر واصفر واحمر فشبهه بالرحال المنفوشة und im Text باكر für صيف. — Der nun sich anschliessende, 'Abîd 35 entsprechende Parallelvers ist aber folgender:

Imrulk. 55, 11 (citirt LA. s. v. عض): „es gieng mir voran eine hochgebaute (Pferdstute), eine Schwimmerin (der Luft), welche abgehärtet hatten das dürre Futter und das langnicht empfangen haben“: Comm. نهدة فرس ضخمة تقدمنى اى تجنب بين يدىّ سبوح سريعة العض القت والشعير والنوى والحيال مصدر حائل وهى التى لم تحمل عامها. Zu سبوح vgl. Ch.-A., S. 296, 325 und 338, zum zweiten Halbvers Gamh. I, 4 (al-Aʿshay), 19 من سراة الهجان صلبها العض ورعى الحمى وطول الحيال (metr. خ), was Lane (s. v. صلب) übersetzt: „than the back of the excellent she-camel, which the provender of cities (such as the trefoil called قتّ, and date-stones) and the pasture of El-Ḥimè, meaning Ḥimè Ḍareeyeh[1]) and the being long without conceiving have rendered hard (or firm, or strong)“. Nun zurück zu ʿAbîd's Schilderung des Pferdrittes:

ʿAbîd, Vers 36: „deren Bau (Wuchs) sehr gedrungen (sehr fest) ist, vor deren Gesicht das Stirnhaar (wegen seiner Fülle) sich theilt“; Comm. مضبر موثق والسبيب هاهنا اراد به شعر الناصية يقول هى حادة البصر فناصيتها لا تستر بصرها ويستحب فى الخيل العتاق ان تكون الناصية جثلة وهى المتوسطة الحال ويكره السفا وهو خفة الناصية ويكره ايضا الغمم وهو كبر الناصية حتى يغطى وجهها وبصرها وذلك عيب لانه يكون الهجان.

ʿAbîd, Vers 37: „einer glatten (eigentl. öligen), mit schlafenden Adern, und deren Bau weich und zart ist“; Comm. ويروى ناعم عروقها ونائم اى ساكنة لصحتها ولين من اللين واسرها خلقها الذى خلقها الله تعالى عليه ورطيب منثن (Var. متين) وقيل فى قوله نائم عروقها اى ليست بناتية العروق وهى غليظة

1) ضريّة, vgl. Wüstenfeld's Abhandlung „Die Strasse von Baṣra nach Mekka mit der Landschaft Dharîja“ Abh. d. Gött. Ges. d. Wiss., Bd. 16 (1871), daselbst S. 64—89 (nebst Karte). Dagegen sind auf der Karte zu Wüstenfeld's Abh. „Bahrein und Jemâma“ (Gött. 1874, Abh., Bd. 19) Dharîja und Darʿîja (درعية, wahrscheinlich aus ذراعية entstanden) verwechselt; denn ضرية hat nichts mit Jemâma zu thun, wol aber das bei Rijâd und Manfûḥa liegende, durch die Wahhabiten und die modernen Reisenden bekannte (in den dreissiger Jahren durch die Aegypter zerstörte) Derʿîja. Auf diese Verwechslung, die leider schon viele Verwirrung angerichtet, wurde ich durch Glaser aufmerksam gemacht.

في الحلم. Der Ausdruck زيتية könnte der Form nach ebensogut von زيت „Oel" als von زيتون „Oelbaum, Olive" (dann „olivenfarbig", wie ich oben S. 60 übersetzte) herkommen. Bemerkenswert ist, dass eine berühmte Stute, nämlich die des Mu'âwija ibn Sa'd ibn 'Abd Sa'd, *az-Zait* hiess (T.A. Anf. des Artikels زيت) und eine andere, die des Labîd ibn 'Amr al-Ghassâni, *az-Zaitîjatu* (TA., s. v. زيت Schl.); nimmt man dazu, dass (nach TA., s. v. كميت) die Stute des (gleichen?) Mu'âwija ibn Sa'd al-'Igli *al-Kumait bint az-Zait* hiess, so ist es möglich, ja sogar das wahrscheinlichste, dass زيتية in unserem Verse „eine von der berühmten Stute az-Zait abstammende" heisst.[1]) Zu زيت und زيتون siehe später in Aufsatz III. Zu den „schlafenden Adern" vgl. ausser der Parallelstelle Imr. 55, 5 (dort von der Kamelin, siehe oben S. 77) noch den in Zamakhschari's Asâs s. v. نوم citirten Vers des [an-Nâbigha] al-Ga'di (metr. Mutakârib, weitere Verse des gleichen Gedichts Bekri 114 und 127 und Ibn Hish., S. 697):

ظِمَآءِ الفُصُوصِ لِطَافِ الشَّظَا   نِيَامِ الأَباجِلِ لَمّ تُضْرَبِ

d. i. „(Rosse) trocken an den Gelenken (cf. Ch.-A., S. 214), mit schmalen Griffelbeinen (Ch.-A., S. 237 und 238), mit schlafenden Fussadern, ungeprügelte". Wenn, wie ich glaube, diese Bezeichnung (im Asâs wird نام العرق durch لم ينبض d. h. „die Ader schlägt nicht, ist ruhig" paraphrasirt) von Haus aus nur den Pferden zukommt, so könnte das als ein Beweis für die Priorität des Gedichtes des 'Abid vor dem des Imrulkais angesehen werden.

'Abid, Vers 38: „als ob sie ein gieriges Adlerweibchen wäre, in dessen Horst trocknen die Vogelherzen"; Comm. اللقوة العقاب سميت بذلك لانها سريعة التلقى لما تطلب وعنى بالقلوب قلوب الطير لانها لا تاكل قلب الطير فتبقى قلوب الطير فى وكرها يابسة وقد ذكر ذلك امرؤ القيس فى صفة العقاب فقال ❖ كان

1) Die Erklärung des TA. von الزيتية, nämlich قال الصاغانى سميت بذلك لانها عَرِقَت فانكرها ابن عمرو للونها عند العَرَقِ beweist nichts dagegen; dagegen gab vielleicht ein ähnlicher Grund den Anlass, die Stute des Mu'âwija ibn Sa'd *az-Zait* („das Oel") zu nennen.

تلوب الطير رطبا ويابسا ∴ لدى وكرها العناب والحشف البالى ∴ شبه ما كان منه رطبا بالعناب واليابس بالحشف. Die citirte Stelle ist Imr. 52, 56 (cf. Ch.-A., S. 31). Sehr instructiv ist die verwandte Stelle Hudh. 2, 17—20, sowie die drei (dem einen bei ʿAbîd entsprechenden) Parallelverse Imr. 55, 12—14:

(12) „als ob sie ein gieriges Adlerweibchen wäre, dessen Schnabel einer Bratschaufel gleicht, (13) welches ihm angehörige kleine Junge füttert, die der Hunger und die schlechte Nahrung hatte abmagern lassen, (14) mit Herzen von Hasen aus Dû Aurâl, einer Nahrung, wie damit das Hausgesinde (nicht besser) versehn wird“: Comm. اللقوة العقاب طلوب للصيد منشال حديدة معقفة ينشل بها اللحم من القدر شبه منقار العقاب به الاحثال سوء الغذاء ويقال فرخا لها ساغبا اى جايعا خزان ذكور الارانب الواحد خزز اورال موضع. Dazu ist zu bemerken, dass in Vers 13 der Text ضريرا (statt صغيرا) im Cod. Escur. bietet, während der Commentar ساغبا statt dessen voraussetzt, wie in der That LA s. v. حثل (ebenso auch s. v. ورل. am Rand) liest. Unter ورل gibt LA folgende Lesart von Vers 13 [ساغبا] تطعم فرخا لها ذى اورال statt ذوى اورال und für Vers 14 تَرَقَّمَهُ الجوعُ والاحثال قوتا. In Vers 14 könnte man den Vergleich auch darin erblicken, dass das Adlerweibchen den Jungen ebenso fleissig Nahrung bringt wie ein Familienvater seiner Familie. Imr. 52, 55 werden die Hasen (خزّان) von al-Unaiʿim (Var. ash-Sharabba wie auch al-Burâbiḳ, vgl. Slane und Jakût I, 540) und die Füchse von Aurâl zusammen erwähnt (Säug., S. 321 f.), was für Aurâl (vgl. auch Hamd. 309 = ١٨٠) wo nach Jakut die banû ʿAbdallah ibn Dârim (I, 400, statt dessen I, 540 Abd. ibn Kilâb) ihre Wohnsitze hatten, auf die Gegend östl. von Ḍarîja weisen würde. Aber es ist ausser Aurâl deutlich bei Hamdânî (306 = ١٧٨) ein Dhû Aurâl (in Jemâma) bezeugt, welches vielleicht mit Ḍû Arʾul (vgl. LA. s. v. ورل und als Analogie bab. *laḫru* weibl. Lamm, westsem. *raḫil*) identisch ist und an unserer Stelle vorliegt. Hamd. 305 ١٧٧ wird ein Aurâl mit al-Unaiʿim und ad-Daḫûl genannt.

ʿAbîd. Vers 39: „welches (scil. das Adlerweibchen) übernachtete auf hohen Wegsäulen, als ob es eine der Kinder beraubte

Matrone wäre“: Comm. ويروى على الارم والارم العلم والعذوب[1] الذى لا ياكل شيا التى لا يبقى لها ولد يقول باتت لا تاكل ولا تشرب كانها عجوز ثاكل يمنعها الثكل من الطعام والشراب. Für شيخة (sonst عجوزة, so Muf. 15, 8) vgl. ʿAbd Jaghûth (ki 15, 75 f.), Vers 8.

ʿAbid, Vers 40: „und welcher so am Morgen (nach) einer kalten Nacht vom Gefieder der Reif herunterfiel“; Comm. ويروى فى غداة قر ويروى ينحط (Var. يزل) عن ريشها والضريب الجليد وضربت الارض اذا اصابها الضريب. *Darîb* in dieser Bedeutung kann ich sonst nicht belegen.

ʿAbid, Vers 41: „da erblickte sie einen Fuchs, einen schnellen, während vor demselben ein weites Land, ein dürres, war“; Comm. ويروى فابصرت ثعلبا من ساعة ويروى ودونه سبسب[2] ويروى من دون موقعه شنخوب الشناخيب رؤوس الجبال وسربخ الارض الواسعة والسبسب القفر من الارض لا من الواسع ويروى فابصرت ثعلبا بعيدا. Zu ثعلب vgl. Säug., S. 310 f.

ʿAbîd, Vers 42: „da schüttelte sie ihr Gefieder und flog noch nicht, ist aber nahe daran, die Flügel auszubreiten“; Comm. ويروى فنشرت ريشها فانتفضت ولم تطر نهضها قريب يقول نفضت الجليد عن ريشها والنهضة الطيران يقول حين رأت الصيد بالغداة وقد وقع عليها الجليد نشرت ريشها ونفضته فرمت الضريب عنها ليمكنها الطيران وانما خصّها بالندى والبلل لانها انشط ما تكون فى يوم الطل وقيل لانها تسرع الى افرخها خوفا عليها من المطر والبرد كما قال

∴ لا يأمنان سباع الليل او بردا ∴ ان اظلما دون اطفال لها لجب ∴

وبيت عبيد يدل على خلاف هذا لانه لم يقل انها راحت الى فراخها بل وصفها انها اصبحت والضريب على ريشها وطارت الى الثعلب يقول فهى قريب ان تنهض اذاما رات صيدا. Zwei Handschriften der Vulgata haben im Text وولت (*wa-wallat*) statt

1) Nach der Lesart عذوبا (statt رابية Gamh.)

2) Dies ist die Lesart der Gamhara.

ولم تطر. die Gambara (die in Vers 41 بعيدا statt سريعا liest) سريعا. Die Uebersetzung des im Comm. citirten Verses lautet: „nicht sind die beiden sicher vor den wilden Thieren der Nacht und vor Hagel, wenn sie noch getrennt von (ihren) schreienden Jungen im Dunkel einherschreiten“; er ist von Dhu r-Rumma und steht Gamh. VII, 5, 118 (in Smend's Ausgabe dieses Gedichtes Vers 126).

'Abîd, Vers 43: „da richtete er sich auf und bangte ob eines vernommenen Geräusches, und so wie er es (jetzt) machte, macht es der zu Tod erschreckte (oder freier: indem er so sich geberdete wie ein zu Tod Erschrockener)“; Comm. اشتال يعنى الثعلب رفع يديه (Var. بذنبه) من حسيس العقاب ويروى من خشيتها ومن حسيسها والمذؤوب والمزؤود الفزع ذئب فهو مذؤوب.

'Abîd, Vers 44: „da breitet die Flügel aus gegen ihn hin eine eilende, und entflammt seinen Zorn, hinschiessend“; Comm. نهضت طارت نحو الثعلب سريعة وحردت قصدته وتسيب اى تنساب

'Abîd, Vers 45: „der aber schlich ganz leis aus Furcht vor ihr, während die Pupille seines Auges verdreht war“; Comm. دب يعنى الثعلب لما رآها [ويروى[1] ودب من حولها دبيبا] والحماليق عروق فى العين يقول من خوفه منها انقلب حملاق عينه وقيل الحملاق جفن العين وقيل الحملاق ما بين الماقين وقيل الحملاق بياض العين ما خلا من السواد وقيل العروق التى فى بياض العين. Im L.A. s. v. حملق steht unser Vers mit يَدِبُّ (statt فدب); حماليق findet sich noch in zwei, L.A. s. v. قفز und غسل citirten Versen.

'Abîd, Vers 46: „da packte sie ihn und hob ihn empor, und liess ihn wieder los, während er angsterfüllt war“; ohne Commentar. Andre Handschriften haben (ebenfalls ohne Commentar)

فادركته فطرحته والصيد من تحتها مكروب

1) Die Handschrift, welche allein diese Lesart anführt, hat im Text من رايها, weshalb mit حولها wol خوفها (wie die übrigen Handschriften haben) gemeint sein wird; die gleiche Handschrift hat im Comm. من الفزع statt من خوفه منها.

'Abîd, Vers 47: „da griff sie ihn von neuem an und warf ihn hin, und es verletzte sein Gesicht der rauhe Boden (vgl. für جبوب Imr. 45, 7)": Comm. الجبوب الارض الصلبة تعلوها حجارة ويروى فجدلته والجدالة الارض. Die andern (zu Vers 46 angeführten) Handschriften haben statt Vers 47 folgende zwei Verse:

فجدلته فطرحته   فكدحت وجهه الجبوب
فعاودته فرفعته   فارسلته وهو مكروب

und zum ersten derselben den Commentar ويروى فرفعته فوضعته فكدحت وجهه الجبوب قالوا هى الحجارة وقيل الارض الصلبة وقيل القطعة من المدر وقيل وجه الارض وجدلته طرحته بالجدالة وهى الارض.

'Abîd, Vers 48: „er schreit, während ihre Kralle in seiner Seite ist, indem rettungslos seine Brust durchbohrt wurde": Comm. يضغو[1] يصيح والاسم الضغاء ومخلبها ظفرها ودفه جنبه او لوح كتفه والحيزوم الصدر يقول لا بد حين وضعت مخلبها فى دفه انه منقوب ومعنى لا بد لا شك عن الفرا وقيل لا بد لا ملجا -

تمت وهى ثمانية واربعون بيتا.

Ueber den zu erwartenden aber fehlenden Abschluss siehe oben S. 61; letzterem entsprechen die noch zu übersetzenden drei Schlussverse des Parallelgedichtes:

Imr. 55, 15 (LA. s. v. رعل, Mu'arrab ٢٥): „und wie manche Raubschaar, die ein ganzes Heer in sich schloss, als ob ihre Haufen (eigentl. Rudel) kleine Wildeseltruppe wären. (habe ich etc., siehe Vers 17)"; Comm. اسرابها قطعانها الرعال الجماعة من كل شىء وقال الرعلة واحد الرعال وهى القطعة من الخيل والحمر وقيل واحد الاسراب سرب شبه اسراب الخيل باقاطيع الحمر الوحشية الرواية روى الاصمعى وغارة قد تلببت فيها اى تحزمت ولبست سلاحى.

Imr. 55, 16 (LA. s. v. نعل): „(die aussehn) wie ein im Thalgrund aufgestörter Heuschreckenschwarm, wann aufblitzen die

1) vgl. Chansâ, Nöld. Beitr. S. 157 (im Beiruter Divan 100, 2 steht يَضْغَى statt يُضْغِي) und ضغوة Nöld. Beitr. S. 187, viertletzte Zeile.

Beschläge an den Schwertscheiden": Comm. الحرشف الجراد اراد كثرتهم مبثوث متفرق النعال الارض الصلبة فاذا كان السراب برقت وترقرقت وقيل اريد انه غزا فى الشتاء فاصاب تلك النعال المطر فانجلت وصفت (also danach نعل Sohle = Grundfläche, wie auch nach LA., wo noch die Var. بالحر statt بالجو zu verzeichnen ist; dennoch scheint mir die andere Bedeutung besser zum ganzen Zusammenhang zu passen): حرشف z. B. noch Hudh. 100, 19.

Imr. 55, 17: „(wie manche Schaar, vgl. Vers 15) habe ich eines morgens (vgl. ذات يوم; ganz so Tabari ٩٢٩, Ibn Dhi'ba, Vers 3, bei Nöld. S. 191) in der Frühe zum Zeltlager der Feinde (bezw. zum Stamm der F.) geführt, und am schlechtesten waren in Folge davon die Männer (derselben) daran (weil wir sie niedermachten)": Comm. يقول صبحت هذه الغارة فقتلوا الرجال ولم يعرضوا للنساء والصبيان.

Was nun das Verhältniss der beiden Gedichte zu einander anlangt, so werde ich mich darüber wie auch über das geographische, die Lebensumstände des 'Abîd u. a. m. in der Einleitung zu meiner Ausgabe sämmtlicher Gedichte und Bruchstücke 'Abîd's, die jetzt durch Hibet-Allah's Mukhtârât eine stattliche Vermehrung erhalten haben[1]), ausführlicher äussern, will aber jetzt schon meine Ansicht darüber mittheilen, die dahin geht, dass keines der beiden Gedichte eine spätere Nachahmung (etwa des 2. Jahrhunderts der Flucht) ist, sondern (vgl. die sonstigen zahlreichen Berührungen zwischen 'Abîd und Imrulḳais) dass hier entweder 'Abîd selbst oder aber Imrulḳais selbst der Nachahmer des andern, seines Rivalen, gewesen sein wird. Jedenfalls ist die von mir zum ersten mal aufgezeigte und nachgewiesene (schon im Jahre 1881 an Fachgenossen mitgetheilte) Correspondenz der beiden Gedichte einer der interessantesten Punkte in dem literargeschichtlich leider noch so wenig (seit Ahlwardt's ausgezeichneten „Bemerkungen" eigentlich fast gar nicht weiter) bebauten Gebiete der altarabischen Poesie.

---

1) Schon vorher betrug meine Sammlung der noch erhaltenen Stücke Abîd's (aus Bekri, Jakut, LA., Ki und anderen Quellen) über 300 Verse.

Anhang:

Nachweis der Gedichte des ʻAbîd.

ديوان عبيد بن الابرص

(Nach Reim und Metrum angeordnet.)

1. Metr. ل, Reim يركبوا: Hibet allah S. 106—108, 18 Verse; weitere Verse LA. s. v. وشج (2 Verse, der erste mit Doppelreim und wahrscheinlich der eigentliche Anfang), ḫk (= Ḫizânat al-Adab, متن) 3, 246, Bakri 767. — Vers 7 bei Hib. = Bakri 591. Vers 11 = IH (Ibn Hishâm) 280.

2. Metr. ط, Reim فواعِبُ: Bakri 409 (2 Verse); Asâs s. v. فوق (wo keine Zahl angegeben, ist immer nur ein einziger Vers gemeint).

3. Metr. خ, Reim الحقابِ: Hib., S. 105—106, 18 Verse (davon Vers 10 auch مصباح المنير sub voce حقب).

4. Metr. و, Reim الغرابُ: ḫk 2, 403. Wahrscheinlich zu einem andern Gedicht (و, Reim بالايابِ) hat der Vers gehört, auf den Meid. I, 537 anspielt, wo es von Imr. 5, 9 heisst: versus hemistichium (doch wohl das zweite) repetivit ʻAbîd.

5. Metr. ب (abgek.), Reim فالذنوب: das oben mitgetheilte in zwei Recensionen erhaltene Gedicht.

6. Metr. ط, Reim مَغْلوبِ: Bakri 537 (2 Verse, Anfang); ḫk 1, 323 (3 Verse); TA. s. v. رعب; TA. s. v. ذرب.

7. Metr. و, Reim بالاريبِ: k. al-aḍdâd 176.

8. Metr. ب, Reim اصباحي: Hib., S. 100—101, 15 Verse, davon Vers 4 ki 10, 5, Vers 5 LA. s. v. ملح, Vers 6—9 Jakut 3, 289, Vers 9. ḫk 1, 76 (= Bekri 811, beidemal als von Aus ibn Hagar). Vers 7 auch ki 10, 5, Vers 7, 11 und 8 ki 10, 6

und 11, Vers 12 Labîd ed. Châlidi, Comm. zu 15, 21 (S. 87) als von Aus, Vers 15 Lane s. v. رفق (auch LA s. v. صوح). Weitere Verse ki 10, 5 (mit Doppelreim, unmittelbar vor Vers 7 Hibet allah's), Kâmil 419 (Aus oder 'Abîd), Kâmil 459 (2 Verse, Aus oder 'Abîd), Jak. 4, 49 (ein halber Vers nur), LA s. v. غنك, LA s. v. أذن. Die ewige Verwechslung zwischen Aus und 'Abîd rührt daher, weil es in der That ein Gedicht des Aus mit gleichem Reim und Metrum gab, dessen Anfang bei Abgarius, rauḍat al-adab, S. 43 (= LA s. v. غنك, dort als von 'Abîd) steht und worin die Geliebte des Aus, Lamîs (vgl. die Abk. *Lamî* in einem andern, Abg. S. 44 citirten Gedicht des Aus!) angeredet wird; die nicht bei Hibet allah stehenden Verse gehören wahrscheinlich alle der Kasside des Aus an.

9. Metr. ل, Reim مُعْرَدُ: Jak. 1, 400 (2 Verse, davon der erste auch Asâs und LA s. v. هبط); LA s. v. ثلج.

10. Metr. ط, Reim ضَرْغَدِ: Abgarius, Tazjîn, S. 114 f. (36 Verse, davon Vers 6 auch LA s. v. غلد, Vers 16, 17, 21—32, 34—36 Beiruter Chrest., VI, 239 f.)

11. Metr. ب, Reim أَسَلِ: Jak. 3, 289 (3 Verse, der erste auch Ham. ٣٩٥, Comm. und LA s. v. سلك).

12. Metr. مت, Reim جَعْدَهْ: ki 19, 88 (der gleiche Vers auch Jak. 3, 793, šk 2, 428, Gauh. s. v. طلا und LA s. v. جعد).

13. Metr. ط, Reim المساجدِ: Jak. 4, 916; šk. 1, 323.

14. Metr. مت, Reim واحِدَهْ: Jak. 3, 793 und šk 4, 165 (4 Verse, der erste auch ki 19, 87).

15. Metr. ب, Reim الوادِى: Hib., S. 99—100, 12 Verse: weitere Verse Ham. ٩٣٧, Comm.: Meid. I, 665; Ikd. 2, 33; Gauh. Einl. (3 Verse). Der achte Vers wird Howell II, III, S. 60 f. als von Abû Dhu'aib, LA s. v. قد als „vom Hudhailiten" citirt.

16. سَجْع, Reim عَادْ: ki 19, 87 (5 kurze Zeilen).

17. Metr. ب (abgek.), bezw. رجز, Reim عَبِيدْ: ki 19, 87 (auch šk 1, 324, Asâs s. v. بدل und LA s. v. تفر), 4 Halbverse.

18. Metr. ك. Reim الدوداْ: šk. 1, 323 (8 Verse).

19. Metr. ط, Reim مُقعقِرْ: Muḥâḍarât al-udabâ 3, 367 (2 Verse, doch dieselben zwei und noch ein dritter LA s. v. لحن als von عُبَيْد بن ايوب citirt).

20. Metr. ط, Reim القَهْرِ: Ja'kûbî 1, 250 (3 Verse); šawâhid al-Kaššâf 145.

21. Metr. بس, Reim العِثْيَرِ: Bekri 409 (3 Verse); LA s. v. سمر und فرض (auch Huber, Maisirspiel, S. 31).

22. Metr. رم, Reim خُجُرْ: ki 19, 84 (siehe oben, S. 63).

23. Metr. ك, Reim نهارْ: Muḥ. al-udabâ 3, 424 (3 Halbverse).

24. Metr. ك (abgek.), Reim وناجِرْ: LA s. v. نجر; LA s. v. غر: Lane s. v. نجر (und TA s. v. كلا, wieder ein anderer Vers als der LA s. v. نجر citirte).

25. Metr. ب, Reim واضراسًا: Abg., rauḍat al-adab, S. 29 f. und Beiruter Chrest., VI, S. 144—146 (16 Verse, Wechselgesang zwischen 'Abîd und Imrulkais; Vers 1—4 auch LA s. v. مجس).

26. Metr. ك, Reim دُرُوسْ: Jak. 2, 247 (Anf.); Schwarzlose, Waffenn. S. 234 (aus Gauharî s. v. خمس); LA s. v. يبس; LA s. v. ملس. Zusammen 4 Verse.

27. Metr. و, Reim المداص: Asâs s. v. ديص.

28. Metr. ط, Reim غموصْ: Jak. 3, 816 (4 Verse).

29. Metr. ط, Reim بَرْقْ: ki 19, 87 (und šk 1, 324), 3 Verse.

30. Metr. من, Reim حلقةْ: ki 6, 77 (Cod. Arab. Monac. 478, fol. 70a), 1 Verse.

31. Metr. ك (abgek.), Reim خروةْ: Asâs s. v. ذج.

32. Metr. ط, Reim دَكادِكَا: Hib., S. 87—88 (18 Verse, davon Vers 17 auch LA s. v. اثر).

33. Metr. سَرِيع, Reim ذَاالرِّجَلْ: Bekri 722 (3 Verse).

34. Metr. س. Reim قَاحِلْ: Hib., S. 94—96 (21 Verse, davon 9—13 auch Ja'ḳûbi 1, 249 und 9—11. 16—18, 20 und 21 Abg., Raudat al-adab, S. 208).

35. Metr. ط. Reim قَاتِلِي: Nöld. Beitr., S, 186, l. und vorl. Zeile (Uebers. S. 191). 2 Verse.

36. Metr. ط. Reim اطْلَالِ: Jak. 3, 772 (Anf., 4 Verse): Jak. 2, 177 (ein halber Vers): Bekri 258.

37. Metr. ب. Reim عُطَّالِ: Hib., S. 97—99 (18 Verse, davon auch 1—4 ki 19, 84. Vers 13, 9 und 10 Gamh., Einl., endlich Vers 16 TA s. v. لعب).

38. Metr. خ. Reim يَبَالِي: Hib., S. 102—104 (33 Verse, davon allein 11 Verse in Sujûti's Shawâhid Mughnî, Vers 1 und 2 Jak. 3, 402, Vers 18. 19, 1, 7 ki 19, 90, Vers 22 LA s. v. زعف, und Vers 32 s. v. نخض).

39. Metr. رم. Reim الْحِلَالِ: Hib., S. 88—90 (17 Verse, das ganze śk 3, 237, Vers 8—10 auch Jakut 4, 57).

40. Metr. ب. Reim عَلِمُوا: Ja'ḳûbi 1, 264 (2 Verse, nach andern von السمعان بن هبيرة الاسدى).

41. Metr. ك, Reim رُوَّامِ: Jak. 2, 827 (2 Verse, Anf.); śk 1, 321 f. (2 Verse): TA s. v. ثغب.

42. Metr. ك (abgek.). Reim المُدَامَهْ: ki 8, 65 (12 Verse, auch in de Slane's Imrulkais; Vers 5 und 6 auch Jak. 1, 1008, Vers 8 und 9 Meid. 1, 459).

43. Metr. و, Reim تُنِيمُ: Bekri 112.

44. Metr. ب, Reim مُعْلَمَهْ: Hib., S. 96 f. (14 Verse, davon 1 und 5 auch ki 19, 90 und Vers 11 misbâḥ el-munîr s. v. بعض).

45. Metr. ل, Reim الروحان: Jak. 1, 582 (2 Verse, Anf.); Gauh. s. v. زهو.

46. Metr. و, Reim الدَّفينِ: Hib., S. 92—94 (17 Verse; ein weiterer Vers Jak. 2, 726).

47. Metr. ل (abgek.), Reim حَيَّنا: Hib., S. 90—92, 25 Verse, davon ein Teil auch ki 19, 85, šm (šaw. Mughnî, Berl. Handschr.), fol. 57ᵃ, šk 1, 322, ša (Ḫiz. al-adab, hâmish) 1, 490 f.

Diese Liste lässt sich noch vermehren, indem ich den TA vorerst nur für ا bis ش und den LA nur bis ه für ʿAbîd excerpirt habe, auch habe ich, was die Parallelcitate anlangt, oben nicht alle mir bis jetzt bekannten Stellen mitgeteilt, da dies, zumal bei einigen längeren Gedichten, zuviel Raum eingenommen hätte. Auch für andere Dichter (so z. B. für Abû Khirâsh) kann ich ähnliche Listen vorlegen. Wenn nicht die Riesenarbeit für LA und TA erst zu bewältigen wäre, so würde ich mein nach den gleichen Principien eingerichtetes Dichterlexicon, wie ein solches allein rasch einen Ueberblick über die in Citaten verstreuten Schätze der altarabischen Poesie ermöglicht, schon längst zu veröffentlichen begonnen haben; als Probe davon möge einstweilen die ʿAbîd-Liste gelten. Was wir brauchen, sind nicht Listen nach Art des Jakutindex und des von Guidi veröffentlichten Verzeichnisses zur Khizânat al-Adab, so unschätzbare Hilfe diese beiden Arbeiten auch einstweilen gewähren, sondern solche, die innerhalb der einzelnen Dichternamen die Citate nach Reim und Metrum geordnet geben.

3.

Die sprachgeschichtliche Stellung

des bab.-assyrischen einer- und des westsemitischen andrerseits.

Zunächst lasse ich den unveränderten Abdruck meines 1885 geschriebenen buchhändlerisch fast unzugänglichen Aufsatzes „Die sprachgeschichtliche Stellung des Babylonisch-assyrischen“ (Études archéologiques, linguistiques et historiques dédiées à C. Leemans, Leide 1885, p. 127—129) folgen, um dann daran ein Nachwort (nebst einigen Nachträgen) anzuschliessen. Die in jenem Aufsatz neu aufgestellte These, zu der mir seither immer weitere Bestätigungen sich ergeben haben, ist, wenn sie richtig ist (und sie ist bisher nicht widerlegt worden), von einschneidender Wichtigkeit für sprachvergleichende Untersuchungen jeder Art auf semitischem Gebiet, und Jakob Barth in Berlin hätte ZDMG 44 (1890) besser daran gethan, zuerst zu dieser meiner grundlegenden These (die mit Lagarde's „Uebersicht“ allerdings der Hauptthese seines sonst so trefflichen Buches „die Nominalbildung in den semit. Sprachen“ den Boden entzieht) Stellung zu nehmen, statt in wolfeiler Weise durch einige aus dem Zusammenhang gerissene Citate meiner Recension von Lagarde's Werk (ZDMG 44, 535ff.) „die Hommel'sche Sprachvergleichung“ in den Augen der Leser (die aber zum Glück auch das dritte Heft des betreffenden Bandes, nicht blos das vierte, in welchem Barth das Wort ergriffen, in Händen haben) zu discreditiren.

[Etudes, p. 127:] Bereits im ersten Bande meiner semitischen Völker und Sprachen habe ich an mehreren Stellen die Ansicht ausgesprochen, dass von den noch vereinigten Ursemiten zuerst sich die späteren Babylonio-Assyrer abtrennten, während die übrigen noch geraume Zeit (vielleicht noch einige Jahrtausende) beisammen blieben, bis sich endlich aus ihnen die historischen Aramäer, Kana'anäer (incl. Hebräer) und Araber (incl. Südaraber und spätere Aethiopen) durch weitere Spaltung und Wanderung entwickelten. Damit würde vortrefflich stimmen, dass wir in der That die semitischen Babylonier weit früher in der Geschichte auftreten sehen (sie sind bereits 3800 v. Chr. in Nordbabylonien bezeugt) als die übrigen Semiten, denen wir erst von c. 2000 v. Chr. an (vgl. vor allem Gen. 14) begegnen.

Die Hauptbeweise für diese meine (anfangs vielleicht manchem Semitisten etwas kühn erscheinende) Behauptung sind einmal eine ganze Reihe von Kulturbegriffen (hauptsächlich Pflanzennamen), welche sich bei den Syro-Phönico-Arabern (oder Ursemiten II) gemeinsam finden, bei den Babylonio-Assyrern aber entweder gänzlich fehlten, oder anders benannt werden. Es sind das, kurz aufgeführt, die Namen für den Weinstock, den Oelbaum, den Feigenbaum, die Dattelpalme[1]) und das Kamel; wir können uns die semitischen Mittelmeerländer kaum denken ohne diese Kulturpflanzen und ohne das Schiff der Wüste, das Kamel, und doch ist es Thatsache, dass die ältesten in der Geschichte bekannten Semiten, die Babylonier, den Oliven- und Feigenbaum wie das Kamel gar nicht kannten, für die Dattelpalme ein neues Wort bildeten, bezw. dem akkadischen Dialekt entlehnten, und für Wein ein den andern semitischen Sprachen fremdes Wort, *karânu*, besitzen (vgl. griech. *κάρουνον*, talm. קְרִינָא), während sie die Pflanze selbst, den Weinstock, in der allerältesten Zeit ebenfalls gar nicht zu kennen scheinen. Andrerseits haben die übrigen Semiten für die genannten Begriffe gemeinsame Wörter, so dass nur zwei Annahmen möglich sind: entweder, die Babylonio-Assyrer hätten diese Wörter ebenfalls einst besessen, aber bei ihrer Einwanderung nach Babylonien (bezw. Assyrien) verloren, oder aber, es seien dieselben Neubildungen, erst ins Leben gerufen von den noch

1) [p. 127, Anm. 1:] Man könnte noch die für den Apfelbaum und Granatapfelbaum (hebr. תַּפּוּחַ und רִמּוֹן, arab. تُفَّاح und رُمَّان, so z. B. in einem Vers des Aus oder 'Abîd, Kâmil ۴٥٩ (من انابيبِ رمان وتفاح) hinzufügen; doch ist es hier nicht ganz sicher, ob die betr. Wörter wirklich genuin arabisch und nicht blos hebräisch (bezw. aramäisch) sind. [Weitere Belegstellen s. in den Nachträgen!]

[Études, p. 128:]
vereinigten Syro-Phönico-Arabern, als bereits die Babylonio-Assyrer von ihnen sich losgetrennt hatten. Letztere Annahme ist die den linguistischen, geographischen und kulturgeschichtlichen Verhältnissen allein entsprechende, und wird ausserdem durch eine nähere Betrachtung des ursemitischen Perfects, wie es sich einerseits im babylonisch-assyrischen darstellt, andrerseits im syro-phönico-arabischen ausgeprägt hat, lediglich bestätigt.

Die Wörter äth. *wain*, arab. وين (bei den Lexicographen [siehe jetzt dazu meinen Aufsatz „über das Wort Wein im südsemitischen“ ZDMG 43. 1889, S. 653—663]), hebr. יַיִן also ursem. II, bezw. syro-phönico-arabisch *wainu*, fehlen im babylonisch-assyrischen; *karmu* „Weingarten“, *gupnu* „Weinrebe“ und *ʿinabu* „Weintraube“ haben, was besonders wichtig, im bab.-assyrischen noch die ganz allgemeinen Bedeutungen von „Ackerland“, „Stamm“, „Pfahl“ (z. B. Assurnasirpal 2, 43 und 71) und „Frucht“ *(inbu)*. Von *zaitu* „Olivenbaum“ (äth. *zait*, arab. زيتون, hebr. זַיִת aram. זֵיתָא) wie von *tiʾnu* „Feigenbaum“, *balasu* „Feige“ (تين, urspr. تئن, תְּאֵינְתָּא, תְּאֵנָה; äth. *balas*, arab. بَلَس, hebr. denominativ בָּלַס) gilt dasselbe wie von *wainu*; sie fehlen gänzlich im bab.-assyrischen, sind auch nicht einmal durch andere Wörter (wie *wainu* durch *karânu*) dort ersetzt¹). Ueber die Wörter für „Dattel-

1) [p. 128, Anm. 1:] Zu زَيْتُون vgl. man die Stelle Hudh. 72, 6 بِمِثْلِ مَعَاوِلِ الزَّيْتُونِ (sie h. mich verlassen, nachdem sie gesehen meine Weisheitszähne in voller Stärke) gleichend den Beilen des Oelbaumes (mit welchen derselbe umgehauen wird)“ und zur (gut arabischen, viell. aber dialektischen) Bildung auf *-ûn* شَيْخُون von شَيْخ; زَيْت heisst im arab. stets das Product des Baumes, Oel (urspr. wol Oliven, dann erst Olivenöl). Was تئن und بَلَس anlangt, so kommt تين (im Reim, vgl. ebenso auch دِيم für رِئم, u. ähnl.) mit عِنَب „Trauben“ in einem Vers des Umaija ibn abî-ṣ-Ṣalt (Gamh. II, 5, 18) vor [weiteres über زيت, bezw. زيتون, und تين siehe in den Nachträgen!], während بَلَس als südarabisches Wort für

palme“ *tamaru* und *diḳlu* habe ich kurz schon Säugeth. S. 412 f. gehandelt; die Babylonio-Assyrer kannten zwar die Palme, benannten sie aber mit einem ganz neu gebildeten Wort *mussukkanu*, d. i. dialektisch akkadisch *mus-ukin* d. i. „ukin-Holz“ [1]), woneben dann auch die volksetymologische Nebenform *mis-Makannu* (d. i. „Holz von Magan oder Südbabylonien“) vorzukommen scheint. Ob ein in astrologischen Texten begegnendes *tumri* „Datteln“ heisst [2]), ist mehr als zweifelhaft. Das assyrische *gammalu* „Kamel“ endlich, ebenso *bakkaru* „Kameljunges“ 3. Rawl. 9, 57, ebenda *anaḳâti* „Kamelweibchen“ (und letzteres noch 2. Rawl. 67, 55) sind sämmtlich arabische Lehnwörter [3]), wie schon aus der Schreibung der beiden letzteren zur Genüge erhellt.

Damit steht nun durchaus in Einklang die verschiedene Ausprägung des, was die Pronominalaffixe anlangt, ganz mit den gleichen Mitteln gebildeten Perfects im babylonisch-assyrischen einer-, im syro-phönico-arabischen andrerseits. Während in letzterem bereits das starre Schema *kabára, kabarat; kabarta, kabarti; kabarku;* pl. *kabárû, kabárâ; ka-*

[Etudes, p. 129:]

bartumû, kabartinâ; kabarnâ sich ausgebildet hat, findet sich im babylonisch-assyrischen das viel lockerere und allgemeinere (weil schliesslich auch auf Substantiva und Adjectiva jeder Form an-

— —

Feigen und ähnliche Früchte von den arab. Lexikographen bezeugt ist. Die Wörter sind trotz P. de Lagarde (Nachr. d. Gött. Gesellsch. d. Wissensch. 1881, S. 368 ff.) so gut ursemitisch wie *tibnu* (auch ass.), *'atânu, taišu* (تَيْس), *asâru* „binden“, סָם (ass. *sâsu*, arab. سُوس) u. a. [was natürlich nicht ausschliesst, dass *t* in den betr. Wörtern urspr. ein Bildungsbuchstabe, vgl. *tibnu* und *banaja, ti'nu* und *anaja* etc., ist, wie Lagarde scharfsinnig aufgestellt hat].

1) [p. 128, Anm. 2:] Vgl. Semitische Völker und Sprachen, Band I., S. 406 und 497.

2) [p. 128, Anm. 3:] In der Phrase *šîru ša pinti* (= فحمة) *bašlu ša tumri ul ikul* „auf Kohlen gekochtes Fleisch von *tumri* [„Rauch“, wie seither festgestellt wurde, also „Rauchfleisch“] soll er nicht essen“ z. B. 4. Rawl. 32, Col. 1, 30.

3) [p. 128, Anm. 4:] Zu *anaḳâti* vgl. arab. أَيْنُقَات neben نَاقَات Säugeth., S. 149. Die oben angeführten Stellen stammen erst aus Inschriften Tiglat-pilesar's II. [lies III., 741—727 v. Chr.].

wendbare) Paradigma *kabir* (bezw. *kâbir?*), *kabrat; kabrâta; kabrâku;* pl. *kabrû, kabrâ; kabratunû; kabrâni* als Kanon für die Perfect- oder sog. Permansivformen[1]). Noch mehr zeigt sich der eigentümliche Stammcharakter des babylonisch-assyrischen Perfects in den abgeleiteten Verbalthemen (sog. Conjugationen), z. B. (um hier überall die 2. sing. zu wählen) *kitburâta, nakburâta, kubburâta, šukburâta, šutakburâta* gegenüber *takbarta* (bezw. *iktabarta*), *nakbarta, kabbarta, šakbarta* (bezw. *hakbarta, akbarta*), *ištakbarta* des syro-phönico-arabischen. Man sieht, die älteste und eigentlich ursemitische Bildung des Perfects war *x* (um damit das noch nicht fest ausgeprägte Verbalnomen, was hiefür zur Verwendung kam, zu bezeichnen), *x-t, x-ta, x-ku, xû, xâ, x-tunû, x-ni.* Dann zweigt sich das babylonisch-assyrische ab mit seinem stets durch den betonten Bindevokal charakterisirten Formen (*kabrâta, kabrâku* etc.), während in den übrigen semitischen Sprachen als in noch einheitlicher Gruppe das Paradigma *kabára* (intr. *kabira, kabura*), *kabárat, kabarta* etc. sich im Lauf der Zeit ausbildete[2]).

Das wichtigste ist nun aber, dass das Bild von der Abzweigung der semitischen Sprachen sich uns von jetzt ab also darstellt:

Ursemitisch (bezw. Ursem. I)

Syro-phönico-arabisch (bezw. Ursemitisch II)	Babylonisch-assyrisch

Eine der bedeutsamsten daraus sich ergebenden Consequenzen ist die, dass, wenn ein Wort sich einerseits im babylonisch-assyrischen, andrerseits auch nur in Einer der übrigen semitischen Sprachen sich findet (vorausgesetzt natürlich, dass Entlehnung späterer Zeit ausgeschlossen ist, was man ja, besonders durch kulturgeschichtliche Forschungen, leicht herausbringt), dann dasselbe mit Sicherheit dem ältesten semitischen Wortschatz zugerechnet werden darf (so z. B. babyl. *kišâdu* „Nacken", äth. *kesâd* [wie Haupt zuerst erkannt hat], babyl.-assyr. *sapâdu* „klagen", hebr.

1) [S. 129, Anm. 1:] Vgl. auch noch von *kinu* „fest", „treu": *kin, kinat, kinâku, kinû, kinâ;* von *limnu* „feindlich" *limnit* (3. fem.) und *limnitunu* (2. pl.); ja von *šarru* „König" *šarrâku* „ich bin König".

2) [S. 129, Anm. 2:] Im allgemeinen habe ich darüber schon gehandelt „Semit. Völk. u. Spr.", Bd. 1, S. 63 und 412.

סָפַר; bab.-ass. *taráku* „nachlassen“, arab. تَرَكَ [intr. „aufhören“ Urwa 3, 8]; bab.-ass. *ḫašâḫu* „nötig haben, verlangen“, aram. חֲשַׁח — etc. etc.).

München, 28. April 1885. **Fritz Hommel.**

Nachwort (Juni bis September 1891).

Zunächst seien einige weitere Belegstellen aus der altarabischen Poesie zu den Wörtern *rummân* „Granatapfel“ und zu *zaitûn* „Oelbaum“ nachgetragen.

1. رُمَّان: A'shay. kl. Divan (Ms. Leid. 2025) 12, 12 وثَدْيَانِ كالرُّمَّانَتَيْنِ „und zwei Brüste (hat sie) gleich zwei Granatäpfeln“ (im grossen Divan steht der betr. Vers auf fol. 139[b]); Labîd 40, 46 (ed. Huber) جَنِيًّا مِنَ الرُّمَّانِ لَدْنًا „(in ihrer Rede scheint sich kühler Wein gemischt zu haben) mit frisch gepflückten zarten und welken Granatäpfeln“; Nab. 6, 9 رُمَّانَ الثُّدِيِّ „(sie, scil. die Mädchen, suchen zu verbergen) die Granatäpfel der (schwellenden) Brüste“; As'ad Kâmil (Kremer, Altarab. Gedichte über die Volkssage von Jemen, No. 16), Vers 23 (und dazu Müller, Burgen I. 406 = 74) مِنْ حَوْلِي الحَبَلاتُ والرُّمَّانُ „(sagt den Himjaren, dass sie mich stehend begraben) während um mich herum Weinstöcke (wachsen) und Granatäpfel“; Abû ṣ-Ṣalt bei Jakut 4, 905, Vers 6 وزَيْتُونًا ورُمَّانَا „und Oelbäume und Granatäpfel“; 'Amr ibn Ma'dîkariba in einer Hiz. al-adab 3, 462 teilweise mitgeteilten (vollständig in den Wiener Mufadd. stehenden) Kasside, Vers 8 يُفَضُّ عَلَيْهِ رُمَّانٌ يَنِيعُ „(wie wenn auf ihren Zähnen Wein wäre) über welchen ausgepresst wurden reife Granatäpfel“. Wenn man bedenkt, dass mehrere dieser Stellen südarabischen Dichtern angehören, wozu auch das Bezeugtsein von *rômân* schon in alten äth. Texten (amh. *rûmân*) und das Wildvorkommen des Granatapfelbaumes auf der Insel Sokotra (G. Schweinfurth) gut stimmt, so ist das Wort im arabischen gewiss als uralt und demnach nicht

als palästinensisch-syrisches Lehnwort anzusehn; trotzdem kann es natürlich im westsemitischen (da es im babyl.-assyrischen fehlt) ein sehr altes Lehnwort zunächst noch unbekannter Herkunft sein, und es giengen dann das griech. *ῥοιαί* (schon Odyssee) und das äg. *'inrhamïa*, *'inhmn*, *'inhmʿnï* (kopt. *erman*, *herman)*, welche Formen Brugsch (Aegyptologie, S. 395) aufführt, vielleicht auch das sokotranische *rihêne*, *rihêni* (Schweinfurth) auf eine einzige (kleinasiatische?) Grundform zurück. Mit *rummân* „Granatapfel" ist gewiss von Haus aus identisch der westsemitische, jetzt von mir auch im sabäischen nachgewiesene[1]), Gottesname Rimmôn; der babyl. Rammân („der Donnerer", von *ramâmu*, ist babyl. Volksetymologie) ist, wie ich an mehreren Stellen meiner „Geschichte Babyloniens und Assyriens" nachgewiesen[2]), erst eine von Westen, dem Lande Martu oder Amoriter-Lande, her entlehnte Gottheit. Der Gott mit dem Granatapfel (vgl. Hadad-Rimmon,

1) In der Inschrift Glaser 119 (aus Glaser's erster Reise), zu welcher man Glaser's Skizze I, S. 97 vergleiche, erscheint nämlich رمن (lies *Rummân)* als „Woltäter" (vgl. Z. 8 „sie weihten dieses Bild dem Rummân, ihrem Woltäter", عقنيو ذن صلمن رمن سيبهمو) der Leute des späteren ersten „Königs von Saba und Dhu Raidân", des الشرح يحضب, wozu man noch Z. 2 derselben Inschrift vergleiche: „. . . . dieses Bild, weil ihn beglückt hat Rummân mit gehörigen Getödteten und Gefangenen", ذن صلمن بذت سعدهو رمن مهرجة واسبى صدقم.

2) Vgl. daselbst besonders S. 266 und Anm. 2, wie auch S. 349 u. 377. Dem schliesst sich (natürlich ohne mich zu nennen) jetzt auch P. Jensen (Z. A., VI, 69 f.) an, der noch auf die hetbitische Form des Namens der Gemahlin Ramman's, Shala (daneben Shala-š), als weitere Bestätigung des westländischen Ursprungs des bab. Gottesnamens, aufmerksam macht. Zum Synonym Dadda (Hadad) weise ich darauf hin, dass der keilschriftlich für Nordarabien bezeugte Eigenname Bir-Dadda auch sabäisch (Glaser 265,5 وعبم بن برددم) vorliegt; die betr. aus Naʿit stammende Inschrift ist eine der letzten Nummern von Glaser's erster Reise. Ebenso kommt nach Glaser auch ein südarabischer Ortsname بِرْدَاد Hamd., ed. Müller, S. 67, Z. 21 (nicht يزداد!) vor. Selbstverständlich ist Bildad des Buches Job der gleiche Name (Del., Par., 298); vgl. auch den Namen Bir-Rammân bei Asurnasirpal 2,21 (vielleicht geradezu Bir-Dadda zu lesen) Gesch. Bab.'s u. Ass., S. 565, wo allerdings Andere Nûr-Rammân transcribiren.

dann auch blos Rimmon) war durch dieses Symbol offenbar als Gemahl und Bruder der Göttin Astarte gekennzeichnet.

2. زَيْتُون: Abu ṣ-Ṣalt (siehe oben bei رمّان); Abû Ṣaḫr, Hudh. 259, 18 مِنَ أَرْضِ قُرَى الزَّيْتُونِ مَكَّةَ, wonach also das den Sitzen der Hudhailiten benachbarte Mekka und Umgegend als „das Land der Ortschaften des Oelbaums" bezeichnet wird; Abû Ṭâlib, LA s. v. برك, welche Stelle, نَضْحِ الرُّمّانِ والزيتونِ, auch noch zu رُمّان nachzutragen ist; al-Aḥwaṣ, LA s. v. ينع, wo es heisst دَسْكَرَةً حَوْلَها الزَّيْتُونُ قد ينعا „eines Distriktes, um welchen herum der bereits reife Oelbaum (steht)". Was die Form auf *-ûn* anlangt, so liegt hier nicht etwa die besonders aus maghribinischen Eigennamen wie *Chaldûn*, *Zeidûn* etc. bekannte aramaisirende Bildung فعلون vor, sondern es gab wirklich eine, wie es scheint, besonders in Südarabien beliebte, echt arabische Bildung فعلون, welche aber wolgemerkt nur bei sog. Stämmen med. ى bis jetzt belegt werden kann; Beispiele sind شيحون (s. schon oben, S. 94, Anm. 1), die hadhramotitischen Ortsnamen تيدون und سَيْوُون (Glaser), ferner das Wort تيطون (für تيظون?), der Frauenname مَيْسُون, vielleicht auch der jemenische Ortsname بَيْنُون u. a., obwol letzterer auch als فعلول von بين (wie z. B. عثنون „Haar", Tar. Muʿall. 24 فعلول von عثن ist) gedeutet werden könnte. Zu diesen Bildungen dürfte nun unbedenklich auch زيتون zu rechnen sein, so dass also die Zweifel Guidi's, Delle sede primitiva dei popoli Semitici (Roma 1879), S. 37 doch nicht gerechtfertigt sind. Allerdings ist زيت (und damit auch زيتون) ein Lehnwort, wie das kürzlich Paul de Lagarde scharfsinnig und überzeugend dargethan hat[1]), aber ein uraltes, dessen Herübernahme von einem klein-

1) Mitteilungen, Bd. 3, 215—226 (und als Nachtrag „Uebersicht", S. 219, Anm. 2), wonach sowol das westsemitische *zait* als das äg. *dschoit*, *dschit* kleinasiatische Lehnworte sind. W. Max Müller erlaubt mir mitzuteilen, dass schon in den Pyramidentexten (bei *Mr-n-Rʿ*) dieses alte Lehnwort vorkomme, aber nicht etwa in der im neuen Reich erscheinenden

asiatischen Volke in die Zeit zurückreicht, da die Westsemiten noch eine ungetrennte Einheit bildeten. Da ist es nun interessant zu sehen, dass wie im arabischen neben زيت „Oel“ (aber auch „Olive“, wie die Analogie des hebr. u. äth. *zait* nahelegt) ein *zaitûn* „Oelbaum“ steht, so neben dem armenischen *zêth* (spr. *tzêth*) „Oel“ *zitheni* „Oelbaum“ sich findet. Das kann kein Zufall sein, und ich glaube, es hat sich hier gerade im arabischen etwas uraltes erhalten, indem *zitheni* das direkte Original für *zaitûn* sein dürfte, nur dass letzteres dann nach Analogie von *kaibûn* (um *kâba*, *kaib* als Paradigma für die sog. Stämme med. ى zu nehmen) seine Form erhielt; es hätte ja sonst auch ebensogut *zaitân* gewählt werden können, um *zitheni* wieder zu geben.

Noch sind zu *rummân* und *zaitûn* als weitere Beweise frühen Vorkommens in Arabien die Ortsnamen *ar-Rummânatâni* („die beiden Granatäpfel“) in Jemâma (Hamd. 241 = S. 138 der Leidener Ausgabe; Bekri 411 + 415) und *az-Zaitûn* („der Oelbaum“), letzteres allerdings in den sehr nördlichen Sitzen der banû Taghlib (Hamd. 294 = 170) zu erwähnen; doch vielleicht weist das im Gebiet von Medîna gelegene *Aḥgâr az-zait* („Oelsteine“) auf alte Bekanntschaft mit Oelkultur in jener Gegend.

Was aber die Wörter *tîn* „Feigenbaum, Feigen“ und *tuffâḥ* „Apfelbaum“ anlangt, so kann ich zu ersterem Wort, welches ursprünglich (wie im hebr.) gewiss *ti'n* hiess[1]), nur noch eine

Form *d̮dt* (also erweicht زيدة für زيتة), sondern als *t̮it*, wobei man beachte, dass der von den Aegyptologen *i* transcribirte Consonant urspr. *j* darstellte. Dass *d̮dt* wirklich der Oelbaum, darüber vergl. Victor Loret, Recherches sur plusieurs plantes connues des anciens Égyptiens (Recueil de travaux etc., VII, 1886, p. 101—114), p. 102 f.; dort (p. 108—111) sind auch die (oben nach Brugsch citirten) ägyptischen Namen des Granatapfelbaumes zum ersten male nachgewiesen. Was das aeg. *t̮* (in *t̮it*) betrifft, so ist dasselbe (was den Aegyptologen bisher entgangen ist) oft aus älterem *k̮* entstanden (also wol *kj*, *tj* gespr.) z. B. in *t̮wt* „du“ neben *kwt* (*kû'atu*, cf. *šu'atu* „er“), oder im Suffix 2. sing. fem. *-t̮* (aus *-ki*) oder im Pron. pers. 2. sing. fem. *t̮m* (berberisch *kem*), geht sehr bald in *t* über (daher schon im mittl. Reich das Suff. 2. s. f. *-t* geschrieben wird), steht aber in Lehnwörtern oft für semitisches ב und ז, während *d̮* in Lehnwörtern semitischem ص entspricht.

1) Vgl. P. de Lagarde's schon oben citirte (jetzt Mitt. I, 58—75 neu abgedruckte) Abhandlung, wonach der Name von أتى (der Baum, dem man mit etwas kommen muss, nämlich mit der künstl. Befruchtung) abzuleiten ist.

einem Dichter der Omaijadenzeit, dem ʿUbaid allah Ibn Kais ar-Ruḳaijât, entnommene Stelle citiren, nämlich den bei Lane s. v. صنف angeführten Vers, welcher auch bei Jakut 2,321 s. v. Ḥulvân (es ist das ägypt. Ḥulvân gemeint) steht; dafür aber kann ich auf einen Bergnamen, der hier mehr wiegt, als ein ganzes Dutzend von Citaten aus der altarabischen Poesie, hinweisen, *at-Tînu* im Gebiet der banû Ghaṭafân (zu denen auch die banû Dhubjân gehörten): Nab. 23,10 (danach in der Nähe von Dhû Urul, vgl. Dhû Ar'ul S. 82 unten?) und noch an anderen bei Bekri 210 aufgeführten Stellen, wo auch die Angabe, der Berg liege in Syrien (vgl. z. B. Hamd. 308 = 179), als eine irrige bezeichnet wird. [Eben, während des Druckes, finde ich noch die weiteren Stellen زرجونا وياتعا تينا „(für Gegenden, wo die Wüstenkräuter Shîḥ und Jhdir wachsen, haben sie bekommen) Feigen und Weinstöcke, vollgereifte" Muʿarrab, S. ٧٤ und 36; L. A. s. v. زرجن. Ferner Jakut 3,813 تينه ورباتعه „seine Feigen und Frühlingskräuter" (Vers der Dichterin Râma bint Ḥusain vom Stamme Asad) und endlich L. A. s. v. لخى

كأنها من شجر البساتين   العِنَبآء المنتقاة والتِبن

„gleich als ob sie wären von den Bäumen der Fruchtgärten auserlesene Weintrauben und Feigen" (Vers eines Dichters ebenfalls vom Stamme Asad!)].

Noch ist zu erwähnen, dass nach Friedr. Delitzsch תְּאֵנָה sich auch im bab.-assyr., und zwar als *tittu* (regelrecht aus *tintu*, wie *imittu* aus *jamantu*), finden würde, Proleg. S. 35. Es ist wol das von Strassmaier s. v. *tittu* angeführte Synon. von *giš-nu-ur-ma* (semit. *nurmû*, wol = syr. נורמבא „Schössling") gemeint; ausserdem findet sich bei Str. noch ein *tintu* (sum. *lu-lu-bi*, bezw. *dib-dib-bi*). Gewiss liegt hier das bekannte Wort für den Feigenbaum vor, zumal nach Str. (S. 896,16) auch ein *inu ša titti* „Feigenwein" vorkommt; es ist aber wol zu beachten, dass einerseits das sum. *lu-lu-bi* auch noch andere Pflanzen (bezw. Hölzer) bezeichnet, andererseits das semit. Wort bis jetzt nur in lexicalischen erst aus der späteren Assyrerzeit[1]) zusammengestellten

1) Nur von einer lexical. Sammlung, der sog. Serie *ana itti-šû*, ist früherer (altbabylonischer) Ursprung erweisbar, wie ich das Gesch. Bab. u.

Listen bezeugt ist, wie das gleiche von *înu* = יַיִן „Wein“ (während doch das gewöhnliche babyl. Wort für Wein *karânu* ist) gilt, so dass die Annahme späterer Entlehnung von Kanaanäern oder Aramäern sowol für *tittu* (bezw. *tintu*) als für *înu* nahezu sicher sein dürfte. Solange also *tittu* wie *înu* (welch letzteres zuerst P. Jensen Z. A. I, 186 f. aus assyr. Wörterlisten in der Bedeutung „Wein“ als Syn. von *karânu* nachgewiesen) nicht aus zusammenhängenden älteren Texten (so vor allem der aus altbabyl. Zeit stammenden religiösen Literatur) belegt ist, steht nichts im Wege, beide Kulturwörter als westsemitische Entlehnungen im bab.-assyr. anzusehn. Diese gerade hier so naheliegende Möglichkeit hätte P. Jensen ins Auge fassen sollen, als er die Beweisstellen für ass. *înu* „Wein“ mit dem Zweck, meine Aufstellungen über das Fehlen des Wortes *wainu* bei den alten Babyloniern zu widerlegen, in ZDMG. 44,705 wiederholte.

Da ich einmal von *tittu* „Feige“ auf *înu* „Wein“ gekommen bin, so will ich gleich hier noch bevor ich die Nachträge zu *balas*, dem andern altsemitischen Worte für „Feige“ und zu *tappûḥ* „Apfel“ bringe, diejenigen zu *wainu* „Wein“ (oben S. 94) anfügen. Vor allem verweise ich auf meine Aufsätze im Archiv für Anthr., Bd. 15 (1885), Suppl., S. 166 ff. und in der Z. d. D. M. G. 43 (1889), S. 653 ff.: georgisch *γwino* „Wein“ (vgl. aber auch *wenaḥi* ἄμπελος Joh. 15,1), laz. *gini* (ebenso arm.), mingr. *gwini* (wozu jedoch als sehr wichtig zu notiren, dass bei Georg Rosen, Spr. der Lazen, S. 32 lazisch *ghirni* Dial. des Bortscha-Thales *gwini*, nach Klapr. *ghini*, verzeichnet steht) und andererseits südarabisch *wain* „Weinstock“ (so sicher äth., und sabäisch Gl. 12,3). Sollte etwa eine älteste Form *gharini* (vgl. laz. *ghirni*) die Quelle sowol für bab. *karânu* (κάρουνον) als auch für *wain*, ja vielleicht auch für χάλις (thrak. ζίλαι, ζελά, ζήλας Lagarde, Ges. Abh., S. 279 f.) sein? Denn sogut dem semit. *walad* „Kind“ ein älteres äg. *ḥrd* und dem semit. *libbu* „Herz“ äg. *ʾib* (d. i. *jibbu*) entspricht, kann *wain* auf eine ältere Form *γarini* zurückgehn. Zu ἄμπελος = *ʿinab*

Ass. S. 386 f. gezeigt habe. Das gleiche führte mehrere Jahre nach dem Erscheinen der betr. Lief. meiner Geschichte (ausgeg. Sept. 1887) Bruno Meissner in der W. Z. f. K. d. M., IV (1890) S. 301—307 aus („Die Serie *ana ittišu* in ihrem Verhältniss zum altbab. Recht“), ohne auch nur mit einem Worte meiner Priorität zu gedenken!

(P. de Lagarde) vgl. oben S. 21 — eine kulturgeschichtlich überaus wichtige Gleichung[1]). Ganz andere Worte für Weinstock und Wein haben seit ältesten Zeiten die alten Aegypter: Weinstock *irr* (ירר), kopt. *ελοολε*, und „Wein" *irp* (ירף), kopt. *ηρπ* (mitteläg. *ηλπ*), zu welch letzterem Worte schon Ebers, Aeg. u. die Bücher Mose's I, S. 325 das äg.-griech. *ἔρπις* beigebracht hat. Dass *karmu* im bab.-ass. ursprünglich nur „Ackerland" bedeutet, ist bekannt[2]); *inbu* (vgl. *unnubu* „emporwachsen" und arab. عنّب von عِنَب) bedeutet allg. „Frucht", wozu man schon deshalb nicht aram. *inbā* (neben *ibbā*) „Frucht" vergleichen darf, weil bab. *inbu* ein *unnubu*, nicht ein *ubbubu*, wie man sonst erwarten müsste[3]), neben sich hat; *gupnu* endlich heisst noch bei Assurnâsirpal (vgl. meine Geschichte Bab.'s und Ass.'s, S. 568, Anm. 1) allgemein „Baumstamm".

Um nun zu dem zweiten Worte für Feige, *balasu* (mit Samek) zu kommen, so genügt das äth. und arab. Wort in Zusammen-

---

1) Als Bestätigung dazu sei notirt, dass auch im arabischen sich عَنْبَل zu عِنَبَة (vgl. die Bedeutung „Pustel") stellt.

2) Zusatz vom Juli 1892: Vgl. jetzt auch noch äg. *ka'mu* „Garten" (aus *karmu*) ZDMG., 46, 1892, S. 121. Dass äg. *ib* Herz (gespr. *jib*) aus *libb* entstanden (ebendaselbst S. 107 u. 123), habe ich schon im Herbst 1891 gefunden und wenn ich nicht irre bereits bald darauf Erman nebst *ḥrd* = وَلَد mitgeteilt; weitere sichere Beispiele für altäg. d = semitisch d sind *rd'* „geben" = رَفَدَ „helfen", *rd* „Fuss" u. رَدَى „treten" (auch hebr. u. babyl.), *dbn* „Kreis" und babyl. *dapânu* „rings umgeben", *db* „Nilpferd" und דֹּב „Bär", *d-t* „Hand" u. äth. *ed* „Hand" (arab. يَد — die letzten beiden Beispiele schon nach Erman in meinen „Semiten", S. 440, angeführt).

3) Vgl. arab. أَبّ „Weide, Futter", إِبَّان „Zeit des Reifens", hebr. אָבִיב „Aehren" (d. i. „Frucht" vom Getreide), bab. *ibûbatu* und *abâbu* „Wald" (syn. von *kištu*, wozu Delitzsch talm. אַבָּא „Wald" vgl.). Wenn freilich die Herkunft des Wortes *annabu* „Hase" (westsemit. *arnabu* mit א) von dem Stamme *anab* (nach Delitzsch urspr. „springen") sicher wäre, dann hätte man auch für *unnubu* und *inbu* אנב und nicht ענב als Stamm anzunehmen. Doch scheint mir gerade die Schreibung von *annabu* auf eine Assimilation aus *arnabu* hinzudeuten, wozu man auch *arnu* und *annu* „Sünde" vergleiche.

halt mit dem hebr. Denominativ בּוֹלֵס Amos 7,14, diesen Ausdruck, der heute noch in Südarabien im Unterschied von تين die blaue etwas kleinere Feigensorte bezeichnet (Glaser. ZDMG. 43,655, A. 1), dem westsemitischen (bezw. ursemit. II) zuzuweisen. Der Lisân al-Arab beschränkt die Vokabel nicht einmal auf Jemen, sondern beginnt den betreffenden Artikel direct mit البلس التين وقيل البلس ثمر التين اذا ادرك, wozu er noch die Einheitsform بلسة und ein Citat aus der Tradition „wer seinem Herzen etwas gutes anthun will, der mache sich an Feigen (*al-balas*)" fügt, allerdings mit dem Zusatz: nach der Lesart mit zwei *a*, während andre *bulus* „Linsen" lesen; aber gegen letztere Lesart spricht der Umstand, dass *bulus* ein speciell äg.-arabisches Wort (für das echtarabische عَدَس, hebr. עדשׁ) ist, dessen volle Form *bulsun* lautet. Zu *bulsun* gehört äth. *bersen*[1]) und zu beiden, wie Dillmann fand, kopt. *pi-aršin*, vom altäg. *ʿaršânâ* (mit Ajin), welches wiederum semitisches Lehnwort (vgl. talm. ערסנא Spelt oder Graupe??) ist. Was den Zweifel P. de Lagarde's gegen ein gemeinwestsemitisches *balasu* wegen des Samek anlangt[2]), so dürfte jetzt die Zugehörigkeit des ס zum ursemitischen Lautbestand durch meine Entdeckung des Samek im minäo-sabäischen (siehe darüber einen nächstens in der ZDMG. erscheinenden kleinen Aufsatz, wonach der oben S. 32 erwähnte s-laut etymologisch dem ס entspricht) und im altägyptischen (𓊃 gleich ס und 𓋴 gleich שׁ in den Pyramideninschriften, worüber nächstens mein Freund Erman in der äg. Zeitschrift referiren wird) erwiesen sein. Wie Glaser erkannt hat, stellen die drei s-laute des semitischen ein reines *s*, ein unserem *sch* entsprechendes *š* und ein unreines, zwischen *s* und *š* liegendes (dem σ der jetzigen Griechen ähnliches) *s* dar. Dass der ursprüngliche Laut des hebr. שׂ ein *š* war und der des hebr. שׁ vielmehr eine unserm *s* nahestehende Aussprache hatte, hat kürzlich P. de Lagarde

1) Das amharische *mesr* „Linsen" wird aus *bersen* mit der gleichen Umwandlung von *b* zu *m* entstanden sein, wie demotisch *mŭul* (auch kopt.) „Zwiebel" aus semitisch *baṣal* (ursprünglich *baṣul*, wie das dem. lehrt); arab. *balasân* „Balsambaum" endlich wird griech. Lehnwort (vgl. *βαλσαμον* aus بشام) sein.

2) Mitteilungen I, S. 68 f.

(Mitteilungen IV, 370 ff.) nachgewiesen. Glaser nun hält שׁ für *š*, שׂ für *s*, ס aber für das unreine (etwa durch *ś* zu transscribirende) *s*; ich bin vielmehr der Ansicht, wie ich das nächstens näher zu begründen hoffe, dass zwar auch שׁ das eigentliche *š* (arab. ش) war (de Lagarde, Glaser), dass aber ס das reine und שׂ das unreine *s* gewesen sein wird. Die Laute ז, ס und צ sind urspr. nur Abstufungen ein und desselben reinen s-lautes. So kommt es, dass die semitischen Babylonier die Zeichen für *az*, *iz* und *uz* auch für *as*, *is*, *us* und für *aṣ*, *iṣ*, *uṣ* mitverwendet haben (vgl. meine „Jagdinschr. u. Zischl.“, S. 21 f.) Besonders rein erhalten sich derartige Laute in Verbindung mit einem schützenden Dental oder Guttural, z. B. *dz*, *ts*, *ks*, *st*. Mit letzterem steht in Zusammenhang sowol, dass die Babylonier (lautgesetzlich) aus *aṣbat-šu* (mit unreinem *s*) „ich ergriff ihn“ *aṣbat-su* (mit Samek) sprechen, wie auch dass die Griechen zur Wiedergabe ihres ζ (eines unserem *z*, franz. etwa *dz*, entsprechenden Lautes) und ξ gerade ז und ס wählten, wie sie auch (worauf de Lagarde des öfteren hingewiesen) צ durch στ wiedergaben (so in ὄϊστός, στύραξ, Βόστρα, vgl. umgekehrt λῃστής لِصّ, stratum صراط etc.). Andererseits ist es charakteristisch, dass die Griechen, welche nach Glaser überhaupt nur das unreine *s* (als Einzellaut) kennen, zur Wiedergabe ihres σ gerade das phönikische שׁ (welches neben š auch noch das unreine s mitbezeichnete) wählten, und nicht etwa das ס. De Lagarde hält nur diejenigen Wörter für ursemitisch, in welchem dem ס ein ش entspricht und denkt dabei jedenfalls an Beispiele wie כאון = äth. *sâ'en*, oder סתו „Winter“, arab. شتاء. Doch gerade hier liegen aramaisirende Schreibungen im hebr. Text vor, wie sie bei Jesaia nicht unmöglich, im Hohenlied aber vollends natürlich sind. Diese Bemerkungen mögen für jetzt zur Rechtfertigung der Gleichung בָּלָס * = بَلَس (äth. *balas*) genügen.

Die alten Aegypter kannten schon in der Pyramidenzeit den Feigenbaum und nannten ihn דאב, daneben auch blos דב, was aber vielleicht nur unvollständige Schreibung (wie z. B. nach Erman *rt* für *rmt* „Leute“, *ḥḳ* für *ḥnḳ* „Bier“ u. a., oder besser *sb* „Schakal“ neben *s'b* = ذئب) ist. Wenn man bedenkt, dass die gleichen Aegypter für das westsem. תפח „Apfelbaum" *dpḥ* (später *dpḥ*) aufweisen, so könnte man *dšb* für eine Entlehnung aus *tšn*, bezw. einer zu erschliessenden Nebenform *tšm* (vgl. דִּשְׁן und دَسِم; בטנה, bab.-ass. *butnu*, arab. بُطْم) halten. Andrerseits klingt armen. *ϑzeni* „Feigenbaum" (von *ϑoiz* „Feige"), welche Weiterbildung de Lagarde, Mitt. I, 69 anführt (vgl. auch oben S. 100 *zitheni* „Oelbaum" und vielleicht auch das S. 102 besprochene *yarini* „Weinstock" aus *zêth* und *yar*, *χάλις*) verführerisch an *ti'n* an, dessen Schlusselement *-n* immerhin eine auf kleinasiatischen Ursprung weisende Endung sein könnte. Dann hätten die Westsemiten (aber nicht die Babylonier) in der gleichen frühen Periode, in welcher sie von der kleinasiatisch-syrischen Grenze her den Oelbaum und den Weinstock kennen lernten, auch den Feigenbaum überkommen.

Was endlich تُفّاح anlangt, so habe ich nur noch eine Stelle, die aber nicht als Belegstelle aufgefasst werden kann, gefunden, nämlich in Nöldeke's Beiträgen, S. 21, wonach ein Ausdruck wie „es (das Land) brachte Pflaumen- und Apfelbäume hervor", انبتت اجّاصا وتفاحا, von einem Beduinen dem Chalaf al-Aḥmar als nicht in der altarab. Poesie erlaubt bezeichnet wird; es sollten statt dessen vielmehr, dem Charakter der arab. Landschaft gemäss, Wüstenkräuter genannt werden. Dennoch kommt *ijjâṣ* „Pflaume" schon Hudh. 90,19 in einem altarab. Beduienenliede (*ka-ḥawâliki 'l-injâṣi* „wie die schwarzblauen der Pflaumen") vor; es ist indes vom aram. אגס „Birne" (letztere heute südarabisch *'anbarût* d. i. „Ambrafrucht" mit der hadhramotitisch-äth. Endung *-ôt*, Glaser ZDMG., 43, S. 655, A. 1, daher pers. انبرود) entlehnt. Bei dieser Gelegenheit sei erwähnt, dass sich die Stelle des arab. ص im maghribinischen Alphabet (de Lagarde, Mitth. 2,259, welcher Passus auch oben, S. 40 zu citiren gewesen wäre) zwischen Nûn und und 'Ajin einfach dadurch erklärt, dass derjenige arabische Stamm, welcher das nabatäische Alphabet den übrigen Arabern vermittelte, das Zeichen für Ṣâd nicht vom nabatäischen Ṣâd, sondern vom nabat. Samek nahm: man vergleiche nur einmal die betreffenden Zeichen, so wird man unschwer erkennen, dass das arabische ص weit mehr Aehnlichkeit mit dem nabat. ס als mit dem nabat. צ aufweist.

Während أَعْنَاب „Trauben“ mit زَيْتُون und رُمَّان im Korân, Sure 6,99 u. 142 (ebenso vorher النَّخْل „Dattelpalmen“), زَيْتُون mit تِين, 95,1 (die ganze Sure führt den Namen *sûratu 't-tîni*), ausserdem noch mit Trauben und Dattelpalmen 16,11 und 80,29 (an ersterer Stelle noch mit dem Beisatz „und allen Früchten“) vorkommt[1]), werden an all diesen Stellen nirgends die Aepfel genannt. Was die Form فُعَّال in تُفَّاح gegenüber فَعُّول in תַּפּוּחַ anlangt, so habe ich darüber das nötige ZDMG., 44, S. 546 angemerkt. Wenn תַּפּוּחַ wirklich von נפח „duften“ kommt (so de Lagarde, Uebersicht, S. 111 u. 129, dagegen nach Löw, Aram. Pfl., S. 156 von תפח „anschwellen, sich runden“), so ist تُفَّاح kanaanäisches Lehnwort, wofür auch sonst alles spricht; eben daher hatten ja auch die Aegypter ihr *dpḥ*.

Wenn man annehmen dürfte, dass die Aramäer ein Verbum חזר „duften“ hatten (im arab. heisst خَنِزَ „stinken“, und ähnliche أضداد sind ja sogar innerhalb des Arabischen vielfach bezeugt), dann wäre auch syr. *ḥazzûr* „Apfel“ (wie das arm. schon von de Lagarde verglichene *ḫnzor* lehrt, aus *ḥanzûr*) nur eine Weiterbildung von jenem aus dem arab. erschlossenen Verbum für „duften“ (urspr. allg. „stark riechen“), also gerade wie תַּפּוּחַ von נפח. Die Heimat des Apfels wäre in diesem Fall nicht Armenien (wie de Lagarde anzunehmen geneigt ist), sondern Palästina, bezw. Palästina und Syrien.

Das ganz gleiche Resultat (dass nämlich den Babyloniern als den Ostsemiten die vereinigten Westsemiten als gesonderte Einheit gegenüberstehn) ergibt sich auch, von den in obigem besprochenen Ausdrücken für Kulturpflanzen abgesehn, aus dem ganzen übrigen semitischen Wortschatz, was hier weiter auszuführen nicht der Platz ist. Die Probe kann, nachdem ich den Weg gezeigt, jetzt jeder sich leicht selber machen. Ich erinnere nur an Wörter wie حَيِّ „leben“, صَدَقَ „gerecht sein“, أَمِنَ „fest, wahr sein“, تَمَّ

1) *rummân* steht mit *fâkihatun* (allg. Früchte, bezw. Obst) und *an-naḫlu* (Dattelpalmen) noch Korân 55,68.

„vollständig sein", عبد „Sklave", an deren Stelle im babyl. *balâṭu*, *išâru*, *kânu*, *šuklulu*, *ardu* (*abdu* der Nationallexika ist kanaanäisches Lehnwort) sich finden, und viele andere derart. Vollends aber beweist die Grammatik die Richtigkeit meiner Zweiteilung der semitischen Sprachen in babylonisch-assyrisch und westsemitisch (statt wie bisher in nord- und südsemitisch, wozu eigentlich nur die innere Pluralbildung den Anlass gegeben hatte). Was zuerst die verschiedene Ausprägung des Perfects, von der ich oben gesprochen (S. 95 f.), anlangt, so tritt dieselbe nun noch klarer hervor durch den Nachweis P. de Lagarde's (in seiner „Uebersicht über die im Aramäischen, Arabischen und Hebräischen übliche Bildung der Nomina"), dass auch im westsemitischen die Formen *kabula* und *kabila* (die im bab.-ass. allein fürs Perfect üblichen!) die ältesten seien, wogegen *kabala* erst eine secundäre Weiterentwicklung darstellt. Gerade dieses *kabála* überwiegt nun aber im westsemitischen derart, dass es das erste (*kabula*) fast ganz verdrängt, das zweite (*kabila*) aber wenigstens stark zurückgedrängt hat — im babyl.-ass. aber ist *kabal* im sog. Permansiv (eben dem Perfect) triliteraler Stämme überhaupt nicht nachzuweisen. Ferner ist durch meine Entdeckung, dass der verschiedene Accent den so durchgreifenden Unterschied zwischen dem bab.-ass. und dem westsemitischen Perfect bewirkt hat (ZDMG. 44, S. 538 f., in meiner Besprechung von Lagarde's Uebersicht), die oben S. 95 f. besprochene Zweiteilung erst recht bestätigt worden. Wir haben danach bab.-assyrisch (um *kabula* als die älteste Form zum Paradigma zu nehmen):

kabul, *kablat* (aus *kabulat*); *kabláta* (aus *kábuláta*), *kabláti*; *kabláku*; und im Plural: *kablû* (aus *kábulû*), *kablâ*; *kablâtunû*, *kablátina*; *kabláni* (aus *kábuláni*),

im westsemitischen dagegen: *kabula*, *kabulat*; *kabúlta* (aus *kabúlata!*), *kabulti*; *kabulku* (später nach der 2. sing. uniformirt: *kabultu*); und im Plural *kabulû*, *kabulâ*[1]); *kabultumû*, *kabultunna*; *kabulnâ*, bezw. *kabulnû*. Dabei ist noch zu beachten, wie dem babyl.-assyrischen gegenüber sich das urspr. *-tumû* (vgl. auch *an-*

1) Vollere Formen *kabulûna*, *kabulâna*; letzteres (3. pl. fem.) wurde durch Zurückziehung des Accents zu *kabulna* (aus *kabúlâna*, so im arab., ähnlich im hebr. im Plur. des Imperfects).

tunû, *šunû* und dagegen westsem. *antumû*, *humû*) zu *-tumû* weitergebildet hat, indem der Einfluss des labialen Vokales *u* den dentalen Nasal zum labialen Nasal hat werden lassen, während dann weiter das urspr. *-tinâ* des Feminins, dem neuentstandenen *-tumû* folgend, zu *tunâ*, *tunna* wurde[1]).

Die ganze übrige Grammatik ist nur Ein grosser weiterer Beleg zu der Sonderstellung, welche das westsemitische dem bab.-assyrischen gegenüber im Lauf der Zeit eingenommen hat. Ich hoffe in nicht zu ferner Zeit dem gelehrten Publikum die Durchführung ins einzelne in einer vergleichenden Grammatik der semitischen Sprachen vorzulegen, wobei auch das Altägyptische die eingehendste Berücksichtigung erfahren wird. Dass letzteres sich in allen Hauptpunkten zum babylonisch-assyrischen stellt, sei einstweilen als ein wichtiges Resultat meiner diesbezüglichen Forschungen mitgeteilt.

Hiemit könnte ich dieses „Nachwort" zu meinem im Jahre 1885 zum ersten male gedruckten Aufsatze über die sprachgeschichtliche Stellung des babylonisch-assyrischen dem westsemitischen gegenüber schliessen, wenn nicht noch ein oben S. 67, Anm. 2 in Aussicht gestellter Nachweis zu bringen wäre, der sich am passendsten und besten eben diesem Aufsatze anschliesst — nämlich der Nachweis, dass innerhalb des westsemitischen wiederum das aramäische und arabische eine dem kanaanäischen gegenüber enger sich zusammenschliessende einheitliche Gruppe bilden.

---

1) Allerdings macht hier das Aramäische mit seinem *-tun*, fem. *-ten* (ebenso *antun* „ihr", f. *anten*, Suffix-pron. 2. pl. *-kun*, f. *-ken*) eine scheinbare Ausnahme innerhalb des westsemitischen, indem man auch hier *antum* etc. für das Masc. zu erwarten hätte. Es liegt jedoch gewiss hier babylonischer Einfluss vor, der bei dem Angrenzen der Aramäer an Babylonien und Assyrien (vgl. vor allem das von Delitzsch, Paradies S. 257 f. über die Wohnsitze der Aramäer zur Zeit der assyr. Königsherrschaft ausgeführte) sehr wol begreiflich ist und sich auch sonst, so vor allem im Wortschatz — vgl. z. B. Wörter wie אִלְפָא „Schiff", אוּמָּנָא „Werkmeister" (im hebr. Aramaismus), תְּחוּמָא „Grenze", שְׁלָדָא „Leichnam" mit *ilippu*, *ummânu*, *taḫûmu*, *šalamdu*, und viele andere — äussert. Uebrigens lehrt das Vorkommen von הם (statt הון) gerade im ältesten aramäisch (so im äg.-aram. und einzeln auch bei Esra, und ausnahmslos noch im nabat., vgl. Nöldeke in Euting's Nabat. Inschriften aus Arabien, Berlin 1885, S. 77), dass auch hierin das aramäische von Haus aus sich nicht von den übrigen westsemitischen Sprachen unterschieden haben dürfte.

Unter arabisch verstehe ich hier natürlich nord- und südarabisch (also incl. Geʿez oder äthiopisch) zusammen; dass das Geʿez seine ursprüngliche Heimat in Hadhramaut hatte, habe ich im Anhang zu meinem Aufsatz über das Samek im Südarabischen, der nächstens in der ZDMG. zum Abdruck kommen wird, näher begründet. Doch da wir, was den Wortschatz anlangt, gerade das nordarabische und das syrische am vollständigsten kennen und so am besten zu überblicken im Stande sind, so wird hier in folgendem wesentlich mit nordarabisch und syrisch operirt werden, während in der Grammatik auch die südarabischen Dialekte gleichmässig mit hereingezogen werden sollen.

Betrachten wir den aramäischen Wortschatz genauer, so ergibt sich (und es lässt sich dies statistisch feststellen), dass von denjenigen Wörtern, welche nicht aus irgend einem Grunde gemeinsemitisch (sei es nun aram.-arab.-hebr. oder aram.-hebr.-babyl. oder beides) sind, weitaus der grössere Teil nicht etwa dem hebräischen und aramäischen, sondern vielmehr dem arabischen und aramäischen gemeinsam sich ausweist. Besonders finden sich darunter auch solche Wörter, welche für den betreffenden Begriff gerade im arabischen und aramäischen die gewöhnlichen sind, wie z. B. אתא (urspr. *atawa*) „kommen", was im hebr. entweder nur als poetischer Ausdruck sich findet oder noch besser geradezu als Aramaismus zu gelten hat. Ich habe hier nicht den Raum, eine vollständige Liste zu geben, es genügt schon, auf einige besonders charakteristische Beispiele aufmerksam zu machen; dabei ist noch zu bemerken, dass die vielen aramäischen Lehnwörter, welche Sigmund Fränkel in seinem trefflichen Buche gesammelt und kritisch zu sichten begonnen hat, principiell von mir bei dieser Untersuchung ausgeschlossen wurden, da es mit ihnen ja eine andere Bewandtnis hat. Ich schlage zufällig das syrische Wörterbuch (welches ich übrigens zu diesem Zweck ganz durchgesehn habe) beim Buchstaben Nûn auf und notire (indem ich das syrische mit hebr. Lettern gebe):

נעמיא,	arab.	نعامة	„Strauss"
סבה,	„	شبّه	„vergleichen"
אסבה,	„	اشبه	„ähnlich sein"
סהד,	„	شهد	„bezeugen"

כהרא.	arab.	شهر	„Mond, Monat“
כיע.	„	شايع	„helfen“
כיעא,	„	شيعة	„Schaar“
עגל,	„	عجل	„eilen“
עדל.	„	عدل	„tadeln“
עלב.	„	غلب	„überwiegen“
עילבא.	„	غلبة	„Melkgefäss“ — etc. etc.

Man darf welchen Buchstaben man auch will aufschlagen, so begegnen dem Arabisten derartige gute Bekannte: und zwar sind es meist die gewöhnlichen Ausdrücke für den in Rede stehenden Begriff. So ist z. B. im hebr. das Verbum בָּעָה in der Bedeutung „suchen, streben“ äusserst selten, im arabischen (بغى) und aram. das gewöhnliche Wort[1]). Die eben aus ס und ע ausgeführten Beispiele sind übrigens lauter solche, welche im hebräischen überhaupt fehlen; ich füge als besonders charakteristische Beispiele noch aus dem Buchstaben ג hinzu: גַּבָּא „Seite“, جَنْب; אגיב „antworten“, اجاب; גחך „lachen“ (für עחך, wozu man ארקא neben ארעא „Erde“ vergleiche, denn in der That entspricht dem arab. ض im aram. ein Ghain, nicht ein ʿAin, welches allerdings meist durch ע, hie und da aber durch ג und ק wiedergegeben wurde), arab. ضحك (gegenüber hebr. צחק und שחק); גלידא „Eis“, جليد u. s. w. In seinen „Prolegomena“ gab Delitzsch auf S. 32—35 eine Liste von fünfzig Stämmen, welche darthun soll, dass das hebräische dem aramäischen weit näher steht als dem arabischen. Von diesen fünfzig Beispielen fallen aber sofort dreizehn weg, da hier eine äthiopische (also südarabische) Vertretung vorliegt, ferner טוב gut sein (arab. طيب!), תאנה Feigenbaum (s. oben) und weitere zwei (עדי und שרש), welche im sabäischen (عدى und شرس) ganz gewöhnlich sind, also zusammen siebzehn, so dass wenn man einige unsichere Beispiele bei Seite lässt, höchstens ungefähr dreissig von den fünfzig übrig bleiben. Diesen Fällen,

1) Auch bab. *baʾû* (inf.), impf. *ubaʾi* (Del. Gramm. S. 294). Die Fälle: bab., arab., aram. (dagegen hebr. selten oder ganz fehlend) bestätigen nur die gegebene Regel, da ja das bab.-ass. eine Sonderstellung einnimmt.

wo hebräisch und aramäisch dem arabischen gegenüber zusammengehn, steht nun aber mindestens dreimal soviel aramäisch-arabisches, wo die hebräische Vertretung fehlt, gegenüber!

Eine weitere Bestätigung liefert nun aber die Grammatik. Beginnen wir gleich mit der Lautlehre, so fällt sofort die frappante Uebereinstimmung bei den dentalen Spiranten in die Augen: bab. *šôru* „Stier“, hebr. שׁוֹר, aram. und arab. aber תור: bab. *ṣabîtu* „Gazelle“, hebr. צְבִי, aram.-arab. aber טבי; bab. *uznu* „Ohr“, hebr. אֹזֶן, aram.-arab. aber אדן, u. s. w. Denn ثور، ظبى und اذن sind ja erst nachträglich durch die Einführung der diakritischen Punkte von ثور، طبى und ادن graphisch unterschieden worden. Damit will ich nicht sagen, dass die Araber diese Worte mit reinem *t*, *ṭ* und *d* gesprochen hätten, aber Araber wie Aramäer sprachen noch in nachchristlicher Zeit die ursemitischen Laute ث, ظ und ذ dem ursprünglichen Werth gemäss weit mehr nach ت, ط und د hin (als etwa, wie die Babylonier und Kanaanäer, nach *š*, *ṣ* und *z* hin), so dass sie deshalb zur Wiedergabe nicht die Zischlaute, sondern die Dentale wählten. In die Lautlehre gehören auch Fälle, wie aram. ארמלא „Witwe“, arab. ارملة gegenüber hebr. אלמנה, bab. *almattu* (aus *almantu*), aram. פום, arab. فم „Mund“ gegenüber hebr. פה, bab. *pû*, und ähnliches mehr.

Gehn wir zu der Formenlehre über, und da zunächst zu den Pronomina, so bemerken wir hier gleich אנכי, bab. *anâku* (äg. *ink*) einer- und arab. *ana* (so auch äth. und sabäisch, letzteres nach Glaser), aram. אנא andrerseits; ferner aram. מן „wer“, arab. مَنْ (hebr. dagegen מי); ד „welcher“, arab ذو (bes. südarab.), hebr. dagegen אשׁר und שׁ (letzteres = babyl. *ša*); arab. ذالك und ذالكم, aram. דיך und דילכון. Beim Nomen fällt vor allem die ganz gleiche Anfügung des (ebenfalls ursp. gleichen) Artikels[1]) auf: aram. *kalbâ* „der Hund“ (aus *kalbân*, bezw. *kalb-hân*) und

---

1) Vgl. auch schon oben S. 19, 38, 39 Anm. 2. Zu *-â* aus *-ân* vgl. als Analogie hebr. שׁלמה aus שׁלמון und dies aus *šalumân* (arab. سلمان, dim. سليمان, P. de Lagarde). Auch die gleiche Behandlung beim fem. (aram. פעלתא, südarab. فعلتان) spricht für die Identität des aram. und südarab. Artikels.

südarab. *kalbânu* (vgl. im nordarab. als Spur dieser einst auch hier üblichen Bildung die als Diptota, also determinirt, behandelten Formen فعلان). Der aram. Plural *-în* (bezw. *-ân*) stellt sich zu arab. *-îna*, äth. *-ân*, gegenüber hebr. *-îm*, ebenso der Dual *-ên* (z. B. in תרין „zwei") zu arab. *-aini*, hebr. dagegen *-aim*. Aehnliche Uebereinstimmungen finden sich beim Verbum. So haben allein die Aramäer und Südaraber noch die alte Unterscheidung der 3. pl. masc. und fem. Impf. durch *û* und *â* bewahrt (wozu man im aram. noch die Endung *-ân* für den Plur. Fem. der Nomina vergleiche): יִפְעְלוּן, יִפְעְלָן, äth. *ḳatalû*, *ḳatalâ*, bezw. *jeḳatelû, jeḳatelâ.* Allerdings steht hier die gleichartige Behandlung der 3. pl. f. Impf. (תקטלנה *tiḳṭolnâ*, arab. يَقْتُلْنَ, worüber schon oben S. 108, A. 1) im hebräischen und arabischen entgegen; doch mag hier im nordarabischen kanaanäischer Einfluss vorliegen. Um so mehr fallen aber andere Uebereinstimmungen ins Gewicht, wie aram. *akbel* (um hier das bequeme *kabal* als Paradigma zu nehmen), arab. *akbala* (auch äth. *akbala*; südar. *hakbala* stellt sich wenigstens seinem Vokalismus nach mehr zu *akbala* als zu hebr. *hikbîl*) und sein Reflexivum *eṯṯakbal* (aus *estakbal* durch Angleichung des *s* an das *t*), arab. *istakbala*. Auch das Reflexivum von *kabbel*, *etkabbal*, entspricht genau der arab. Nebenform von *takabbala*, nämlich *itkabbala*. Dem Fehlen des Niph'al im aramäischen entspricht die äusserst seltene Anwendung dieses Stammes im äth. und sabäischen (zu letzterem vgl. oben S. 39, Anm. 1), wie ja auch im nordarabischen die sog. 7. Form im Gebrauch weit hinter die 8. Form zurücktritt[1]).

Was endlich die Partikeln anlangt, so mache ich aufmerksam auf aram. *en* „wenn", arab. *in*, hebr. dagegen *im*; aram. *hârekâ* „hier", arab. *hunâlika* (aram. *hâkâ*, arab. *hunâka*); aram. *kad* „da, als", sab. كذ dasselbe (arab. كذا nur demonstrativisch); aram. *bad* „während, indem", äth. *ba-ḏa* (auch schon aram. *de* „dass", äth. *ḏa*); aram. *kai* „also", arab. كَيْ „dass" (hebr. aber *kî*).

1) Das aram. Schaph'el und Eschtaph'al sind als Babylonismen auszuscheiden; es sind vielmehr arab. *istakbala* und aram. *eṯṯakbal* identisch, was man längst hätte sehen können.

Die 1885 gedruckte Stelle im „wiss. Jahresbericht“ (vgl. oben S. 67, Anm. 2) hatte, um dies zum Schluss dieser Ausführungen noch mitzuteilen, folgenden Wortlaut:

„Eine vollständige Uebersicht über die in den assyrischen Königsinschriften erwähnten arabischen Orts- und Stämmenamen und damit zugleich ein anschauliches Bild der geographischen Verhältnisse Nordarabiens in der 1. Hälfte des 1. vorchristlichen Jahrtausends gibt Friedr. Delitzsch in seinem für altorientalische Geographie so reichhaltigen Buche über die Lage des Paradieses; zu beachten ist auch, dass damals die Aramäerstämme (im angeführten Werk p. 237—241) noch halbe Araber [d. h. Beduinen] waren, und dass gewiss, wenn wir aus jener Zeit aramäische und arabische Sprachproben hätten, die ersteren noch weit näher dem arabischen als dem phöniko-hebräischen stehend sich zu erkennen geben würden (vgl. fürs spätere uns bekannte aramäische nur Formen wie den Plural der Nomina auf *în* oder in der Lautlehre die Behandlung der Zischlaute ث, ذ, ظ u. a.).“

Nachtrag zu S. 92.

Die Wichtigkeit der ganzen Frage nach der Entstehung des semitischen Verbums und seines Zusammenhangs mit den Nominalformen veranlasst mich, nochmals auf die Hauptgedanken meiner von Barth so illoyal discreditirten Besprechung zurückzukommen.

Vor allem handelt es sich bei der Meinungsverschiedenheit zwischen Barth einer- und de Lagarde und mir andrerseits darum, ob man das in den westsemitischen Sprachen starr ausgeprägte Schema

kabala . . . . . . *jakbulu*
kabala . . . . . . *jakbilu*
kabila . . . . . . *jakbalu* (intrans.)
kabula . . . . . . *jakbulu* (intrans.)

welch letzteren beiden als Verbalnomen *kabilu*, *kabulu*, als Infinitiv aber *kabulu* und *kabâlatu* (bezw. auch *kubûlatu*) entsprechen (während für das Verbaladjectiv von *kabala* nicht etwa das zu erwartende *kabalu*, sondern vielmehr das aus *kabilu* gedehnte *kâbilu* steht) — ob man dies Schema mit seinen Vokaldifferenzirungen bereits für die älteste Zeit geltend anzusehen hat, oder aber ob es erlaubt ist, dies zu bezweifeln. Man sollte denken, dies wäre Ansichtssache, da ja doch ein vorliegender Zustand nicht von Anfang an existirt zu haben braucht, sondern auch einmal geworden sein und nach dem Gesetz alles Bestehenden eine Entwicklung hinter sich haben wird. Wenn also Barth seinen Hauptsatz, alle in der zweiten Silbe ein *i* aufweisenden Nominalformen kommen je nach ihrer Bedeutung entweder vom Perfect (nämlich wenn dies *i* hat, also *kabila* lautet) oder aber vom Imperfect (wenn nämlich das Perfect kein *i*, dagegen das Imperfect *i* hat, analog dann bei den *a*- und *u*-haltigen Formen) als Fundament der ganzen Nominalbildungslehre hinstellt, so musste er von vornherein darauf gefasst sein, dass diejenigen, die seine Voraussetzung, nämlich die Ursprünglichkeit obigen Schema's, aus irgend einem Grund nicht für ursprünglich halten, dann auch unmöglich ein darauf erbautes System annehmen können.

Paul de Lagarde hat die These aufgestellt, dass *kabula* und *kabila* älter seien als *kabala*, und ferner dass

kabula . . . . . *jukbulu*
kabila . . . . . . *jikbilu*
kabala . . . . . . *jakbulu*

das normale Schema der Urzeit gewesen sei. Mir war, als ich mich mit dieser neuen Auffassung abzufinden hatte, die erste Frage die, wie sich denn zu dem gewöhnlich für das älteste gehaltenen Schema (*kabala* Imperfect *u* und *i*, *kabila* Imperfect *a*) das Babylonische, diese aus weit älterer Zeit als ihre Schwestern auf uns gekommene semitische Sprache, verhalte. Um so mehr war mir das das wichtigste und massgebende, als ich schon seit Jahren mir die Auffassung gebildet (siehe Bd. 44 der Zeitschr. d. D. M. G., S. 538, Anm. 2), dass das Babylonisch-assyrische den übrigen, westsemitischen Sprachen gegenüber eine eigenartige Stellung einnimmt, und dass daher alles übereinstimmende gewiss der ältesten Periode des Semitismus angehört, das abweichende aber der Sonderentwicklung beider Hauptgruppen.

Wenn sich nun herausstellt (wie ich das in Bd. 44 der ZDMG. gezeigt), dass im Babylonischen dem Perfect *kabul*, *kabil* (letzteres ist die weitaus häufigere Form, während *kabal* ganz fehlt) in einer grossen Zahl von Fällen[1]) ein Imperfect *ji-kabul*, *ji-kabil*, woraus durch Zurückziehung des Tones die ursprünglich Jussivbedeutung gehabt habende Form *jikbul*, *jikbil* entsteht, entspricht, und dass dort (*kabul* und) *kabil* nebst den aufgeführten Imperfectformen sowol von Verben transitiver als auch von solchen intransitiver Bedeutung in Gebrauch sind, so ist meine ich schon durch die einfache Erwähnung und Constatirung dieser Thatsache, ich sage nicht: der Beweis erbracht[2]), wol aber die Berechtigung gegeben, jenes oben aufgeführte starre Schema des westsemitischen erst für das Resultat einer langen Weiterentwicklung, mithin für etwas secundäres zu halten.

Statt dass nun Barth vor allem zu meiner These von der selbständigen Stellung des Babyl.-assyrischen dem westsemitischen gegenüber Stellung genommen hätte (und ich habe das Recht, von jedem, der nicht blos Vergleichung der westsemitischen Sprachen treiben sondern das älteste semitisch erforschen will, eine eingehende Berücksichtigung, bezw. mit stichhaltigen Gründen kommende Widerlegung jener Aufstellung zu verlangen), zieht er es vor, Sätze, wie den folgenden zu schreiben: „Die Priorität der intransitiven Perfecte wird [von Hommel] daraus erschlossen, dass das Assyrische (und Aethiopische) eine Form *jakabul*, *jakabil*[3]) haben, welche, was verschwiegen ist, eine ganz entgegengesetzte Stellung hat, sofern sie einmal das semitische Imperfect und zweitens transitiven Charakters ist.“ Entweder hat Barth meine Ausführungen nicht verstanden oder aber absichtlich mir eine Beweisführung angedichtet, von der in meiner Besprechung auch

1) Wir haben im babylonischen unzweifelhaft *kabul* (meist allerdings durch das jüngere *kabil* verdrängt) *ji-kabul*, *jikbul* und (fast immer, wo *i* der Imperfectvokal ist) *kabil*, *jikabil*, *jikbil*, und nur statt *kabul* (bezw. *kabil*) *jikabul jikbul* begegnet ziemlich häufig *kabil*, *jikabal*, *jikbul* (hier, wo *jikabal* deutlich aus *jikabul* entstanden, haben wir zugleich die beste Analogie zur Entstehung des westsemit. *kabila*, *jakbalu*), während *kabil jikabal jikbal* weit seltener vorkommt.

2) Denn es könnte ja einer (was allerdings meines Erachtens die Sache auf den Kopf stellen hiesse) hier das westsemitische für ursprünglicher als das babylonisch-assyrische halten.

3) Eigentlich sollte man stets *jikabul*, *jikabil* schreiben, weil sowol die bab. Schreibung *ikabul*, *ikabil* als auch die äth. Form *jekabel* auf ein kurzes *i* des Präformativs hinweisen.

keine Spur sich findet. Die „Priorität der intransitiven Perfecte" hat, wie das aus meiner Besprechung (S. 536) ganz klar zu erkennen war, Lagarde als These hingestellt; ich habe diese These sodann durch weitere Gründe gestützt, (also nicht erst neu „erschlossen"), und zwar vor allem dadurch, dass dem westsemitischen Perfect im babyl.-assyrischen gerade das zu erwartende *kabul* und *kabil* (S. 538 f.) entspricht, also nicht dadurch, dass das bab.-ass. eine Form *jakabul, jakabil* hat. Erst in zweiter Linie habe ich auch das Imperfect *jakabul, jakabil* angezogen, indem ich erstens darauf hinwies, dass das gewöhnliche westsemitische (aber im äth. noch die urspr. Jussivbedeutung erhalten habende) Impf. *jakbulu* (bezw. *jakbul*) erst durch Zurückziehung des Accents aus *jakabul* entstanden, und zweitens dann weiter folgerte, dass in *ja-kabul, ja-kabil* noch deutlich das Perfect *kabul, kabil* (nur mit einem Präformativ versehen) zu erkennen sei. Was ich dabei „verschwiegen" haben soll, ist mir völlig räthselhaft. Indem ich S. 539, Mitte, die diesbezügliche (mit *jakabul* sich befassende) Ausführung mit: „Was zweitens das Imperfect anlangt" einleitete, habe ich doch nicht „verschwiegen", dass *jakabul* „eine [dem Perfect] ganz entgegengesetzte Stellung hat, sofern es (einmal) das semitische Imperfect ist"? Und dass dies Imperfect „zweitens transitiven Charakters ist" (es ist aber in Wirklichkeit ebenso auch intransitiv, vgl. im westsem. *jakbul*, bezw. äth. *jekabel*, im babyl.-ass. aber *ikabul* und *ikabil*, beide unterschiedslos sowol bei trans. wie intr. Verben in Gebrauch), soll ich ebenfalls „verschwiegen" haben? Habe ich nicht auf S. 541 ganz deutlich darauf hingewiesen, dass „*kabul* und *kabil* von Haus aus active und passive Bedeutung [ich hätte ebensogut dort sagen können, trans. und intrans. Bed.] noch gemeinsam in sich schlossen, wozu man bes. das Bab.-assyrische vergleiche"?

Das wichtigste also hat Barth erst am Schluss und noch dazu in der eben beleuchteten meine Ausführungen geradezu auf den Kopf stellenden Weise berührt, eine Reihe mehr oder weniger unwesentlicher, oder wenigstens in Hinsicht auf meine Hauptaufstellung doch secundärer Punkte dagegen in erster Linie ins Feld geführt, mit der liebenswürdigen Einführung „ihre schärfste Kritik liegt in ihnen selbst; es genügt, die hauptsächlichsten derselben im Zusammenhang [in der That aber: aus dem Zusammenhang gerissen] anzuführen, um sie auch widerlegt zu haben". Das erste ist, dass ich das doch anerkanntermassen ganz secundäre arabische „Passiv *kubila* als aus *kabula*, *kabla* [sic] differenzirt" ansehe. Bei mir steht S. 541: „Wie *kabul* und *kabil* von Haus aus active und pass. Bed. noch gemeinsam in sich schlossen . . . . . . (schon oben von mir citirt), so hat sich auch erst aus *kabula*, *kubla* [sic!] das arab. Passiv *kubila* (vgl. *kubba* von *kabba*; *kîba* von *kâba* weist auf *kibla*) differenzirt." Diese Gegenüberstellung genügt, und ich will betr. *kubba* und *kîba* nur auf das nachher über die Verba med. gem. und sog. mediae waw und jod, deren urspr. Charakter Aug. Müller (ZDMG. 33, 1879, S. 698 ff.), ich selbst (Semit. Völker u. Spr., I, S. 443) und vorher schon andere[1]) betont haben, zu sagende kurz verweisen.

Wenn ich (als Vermutung!) ausgesprochen habe, dass „sowol der Imper. *kubul*, *kibil* als der Imper. *kabâl* [vgl. dazu z. B. Fleischer's Kl. Schr. I, S. 343] gleicherweise aus *kubal*, *kibal* [die ich als die ältesten Infinitivformen ansah], entstanden seien", so ist diese Auffassung doch mindestens ebenso berechtigt, als die Barth's von der Ursprünglichkeit des Schema *kabal jakbul*, *kabil jakbal* etc., da hier eine ganz ähnliche Vokaldifferenzirung vorliegt. *Kabul*, inf. *kubalu*; *kabil*, inf. *kibalu*, dann auch gedehnt *kubâlu* und *kibâlu* und aus beiden letzteren durch Vokalharmonie *kabâlu* — ist das eine so ungeheuerliche und innerer Berechtigung bare Aufstellung? So erledigt sich auch der wolfeile Spott Barth's: „auf S. 538, Z. 8 ist *kubal* die älteste Infinitivform, schon 3 Zeilen weiter dagegen *kubal*, *kibal* die älteste". Denn wenn Barth aufmerksam den Zusammenhang beachtet hätte, so hätte er merken müssen, dass da, wo ich zuerst von *kabâl* als der ältesten Infinitivform redete, ich seine eigene Annahme (die, insofern auch ich den Infinitiv *kabâl* bereits für ursemitisch gehalten, vgl. S. 536, Anm. 1, ja ich ebenfalls in gewissem Sinne theile), vgl. sein Buch, S. 57 „*qatâl* vermuthlich der älteste eigentliche Infinitiv des Semitischen" (und zwar mit gesperrtem Druck) meinte, der ich dann einige Zeilen darauf deutlich die meinige: „und wenn, wie ich

1) Zu dem in meinen „Semiten" I, 443 citirten (Boettcher u. Nöldeke) ist noch Lagarde, Orientalia, II, (1. Mai 1880), S. 6 (jetzt „Uebersicht", S. 27) nachzutragen, ebenso Stade's noch 1879 erschienene Grammatik.

annehme, *kubal*, *kibal* die älteste Infinitivform ist" (und wieder einige Zeilen darauf: „und weiter *kabâl* aus *kubal*") hinzufüge.

Weiter wirft mir Barth vor, dass während ich aus *mukabbil* ein *kabbil* erschliesse, ich, nicht ahnend, „dass die m-participien nie mit dem Perfectstamm zusammengehören", dann auch consequenterweise aus dem Passivparticip *mukabbal* ein passives Perfect *kabbal* hätte erschliessen müssen. Da ich aber das Passiv des arabischen für eine secundäre Bildung halte, so gilt dies doch natürlich auch von *mukabbal*, und es wäre deshalb von mir im Gegenteil sehr inconsequent gewesen, wenn ich aus *mukabbal* einen ähnlichen Schluss hätte ziehen wollen, wie aus *mukabbil*; in der That weist auch das babylonisch-assyrische wol die Formen *mukabbilu*, *mušakbilu* etc. auf, während die dazu nach Analogie des arabischen zu erwartenden Passivparticipien fehlen und durch die Verbalnomina *kubbulu*, *šukbulu* etc. (die aber auch Activbedeutung haben können) ersetzt werden.

Der Vorwurf Barth's, dass ich قُمْتَ und سِرْتَ „unter Verkennung der Grundregel, dass im Semitischen zwei Vokale nicht aufeinander folgen können" auf *kaŭmta* und *saĭrta* zurückführe, gibt mir zum Schluss Anlass, auf die sogenannten hohlen Verba und damit auf die wichtigen Ausführungen Aug. Müller's in der ZDMG. (vgl. auch schon das oben bemerkte) noch kurz zu sprechen zu kommen. Das von A. Müller dort zum erstenmal klar formulirte Princip lautet nach seinen eigenen Worten (a. a. O., S. 700) also:

> Ursprünglich zweiradicalige Wurzeln sind im Semitischen bei dem Durchdringen der Analogie der dreiradicaligen den letzteren dadurch gleichwertig geworden, dass entweder der Vokal oder das zweite (gelegentlich auch das erste) consonantische Element in der Aussprache verstärkt wurde; qam — qâm oder sab — sabb; jaqum — jaqûm oder jasub — jasubb, jissub.

A. Müller führt dann fort: „Dass dies Princip sich durch seine Einfachheit und Consequenz sehr empfehlen würde, leuchtet ein. Gleichwol verkenne ich die Bedenken nicht, welche sich meinem Versuch entgegenstellen", um sodann die wichtigsten dieser Bedenken gleich selbst anzuführen, nämlich zuerst als „nicht allzu schwer wiegend“ eben unser قُمْتَ nebst dem äth. *ḳômka*, „die durch Eindringen des mehr und mehr um sich greifenden *ŭ* [bezw. *ŭ*] zu motiviren sein dürften“; auch מֵת (nach Müller aus *mit*, worin das *i* unverlängert blieb, ganz ebenso Lagarde, Uebersicht, S. 27), אוֹר u. dgl. „würden“ ihm „keine Sorge machen“. „Dagegen“ (und hier sei es mir erlaubt, ebenfalls A. Müller's Worte, mit denen er zugleich seinen Aufsatz schliesst, einfach wieder abdrucken zu lassen) „ist die Analogie von Substantiven wie שׁוֹר, עַיִן, die doch von *malk* nicht zu trennen sind und gewiss zu den ältesten der Sprache gehören, allerdings geeignet, Zweifel zu erwecken; und die ע״ו von den פ״ו und ל״י zu trennen, könnte in manchen Beziehungen auch nicht räthlich erscheinen. Doch muss ich, wie gesagt, auf eine Discussion dieser und anderer mit der Sache in Verbindung stehender Fragen hier verzichten“.

Gerade die (sicher uralten) Formen ثور, عين (vgl. meine Besprechung, S. 540), die ich als *ṯaŭr*, *'aĭn* (kabul und kabil) von ثَار und عَان, bezw. noch älterem ثَر und عَن, auffasse, bestätigen nun in wunderbarer Weise meine (und Lagarde's) übrigen Aufstellungen. Der Einwand Barth's, dass im semitischen zwei Vokale nicht aufeinanderfolgen können, ist nicht stichhaltig[1]), denn in keiner Sprache der Welt können zwei Vokale (ausser sie bilden einen Diphthongen) aufeinanderfolgen, ohne dass ein Spiritus lenis dazwischen wäre, nur drücken die Westsemiten diesen Kehlkopfverschlusslaut auch stets in der Schrift aus; wollte man von *ṯar*

1) Ebenso ist es von rein linguistischem Standpunkt aus naiv, einen principiellen Unterschied zwischen Formen mit Alif al-waṣl und mit Hamza constatiren zu wollen, wie Barth (S. 681) es thut. Das anlautende i in arabisch *iḍrib* „schlage“ oder in *ibnu*ⁿ „Sohn“ ist am Anfang des Satzes das gleiche feste i wie das anl. i in *iṣba'u*ⁿ „Finger“; wenn aber die arabischen Grammatiker das einemal اِضْرِبْ und اِبْنٌ, das zweitemal إِصْبَعٌ schreiben, so wollen sie eben damit nur fürs Auge andeuten, dass gegebnen Falls, d. h. nach einem vorhergegangenen Vokal, das i des Imper. *iḍrib* und des Nomens *ibnu*ⁿ elidirt wird, das i von *iṣba'u*ⁿ (das der Entstehung nach ganz das gleiche wie das in *ibnu*ⁿ ist) aber nicht, was schliesslich auf Convention beruht. Ich verweise noch auf das dem arab. أستقبل entsprechende äth. *astaḳbala*. Es scheint noch lang dauern zu sollen, bis der Bann der arab. Nationalgrammatik hierin ganz gebrochen sein wird.

nach Analogie von *kabul* ein Verbalnomen bilden, so konnte man kaum anders als *ṯa-ur* d. i. ثَؤُور, sagen, woraus natürlich bald *ṯaur* ثَوْر vereinfacht wurde. Man müsste nun danach erwarten, dass auch das älteste Imperfect von ثَارَ und عَانَ, entsprechend dem Verbalnomen (bezw. auch Perfect) *ṯa-ur* und *ʿaïn*, etwa *ja-ṯaʾur* und *ja-ʿaïn* (cf. ja-kabul und ja-kabil), der daraus verkürzte Jussiv[1]) *jaṯur* und *jaʿin* (cf. jakbul und jakbil) gelautet hätte. Aber gerade für den letzteren darf *jaṯûr* und *jaʿîn* als westsemitische Ausprägung gelten, wie vor allem das äthiopische nahelegt (vgl. Impf. *jekawen*, Subj. *jékûn*, nicht etwa jékun, aber doch immerhin mit Zurückziehung des Tones trotz der Länge des u). Und nimmt man noch die babylonischen Formen Praes. *ikân* (nicht etwa *ikaïn*, während doch z. B. das Piel *ukaïn* aufweist), Subj. *l-ikun* (*likûn*?) hinzu, so scheint *jákûn* für den ursemitischen Jussiv gesichert, und das zu erwartende *jakáʾun* für das Imperfect wenigstens nicht unmöglich. Denn es ist wol denkbar, dass aus *jakáʾun* einerseits *jakûn*, als auch andrerseits bei Zurückziehung des Tones *jákûn* werden konnte, wie ja ähnlich aus *kabulu* sowol *kublu* als auch *kublu* werden kann. Uebrigens ist wol zu beachten, dass das babyl.-assyrische neben *ikûn* auch noch als (gewiss ältere) Nebenform *ikunnu* (ebenso neben *iṭûb* auch *iṭibbu*) kennt, woraus *ikun* (und *iṭib*) als Verkürzungen noch leichter begreiflich sind; in diesem Fall wäre dann *ikân* möglicherweise erst als Neubildung (nach Analogie von *ikabal*) aufzufassen. Da das bab.-assyrische den überhängenden Vokal bei den Verbalformen sonst nur in Relativsätzen aufweist, so drängt sich die Frage auf, warum hier *ikunnu* und *iṭibbu* statt *ikûn* und *iṭîb*. Ich glaube, die Antwort ist einfach die: um das betonte u und i besser zu schützen, zumal eine Schreibung *ikun* und *iṭib* (für *ikûn* und *iṭîb*) die Formen von denen des Jussiv (*íkûn* und *íṭîb* oder besser *íkun* und *íṭib*, Betonung stets auf dem Präformativ) nicht hätte unterscheiden lassen, da in der That mit seinen Schriftmitteln der Babylonier *ikûn* von *ikun* nicht unterscheiden kann. Wenn wir aber dies annehmen,

---

1) Ich nenne hier die westsemit. Form *jakbulu* schlechtweg Jussiv, da sie (als Verkürzung aus dem eigentl. Imperf. *jakabulu*) urspr. Jussivbedeutung, wie ich in meiner Besprechung gezeigt, gehabt hatte.

so darf auch das arabische *jakûnu* (im Gegensatz zum Jussiv *jakun*) noch als Rest des ursemitischen Imperfects aufgefasst werden, obgleich sonst *jakbulu* (mit *jakbul*) formell dem ursem. Jussiv *jakbul* entspricht, und wir haben hier wieder die alte Regel bestätigt, dass sich gerade bei den sog. unregelmässigen Verben uraltes erhalten hat. Eine Parallelform zu dem in *ja-kûnu* (bezw. *ja-kînu*, z. B. *ja-ṭîbu*) erhaltenen Verbalnomen *kûnu* (*kînu*) ist *ka'unu* (schon mehr nach Analogie des trilit. *kabulu*) z. B. *ṯa'uru* (westsemitisch *ṯauru*). Eine weitere Parallelform ist das aus arab. *ja-kunnu* zu erschliessende Verbalnomen *kunnu* (z. B. *ja-muddu*), worüber gleich zu handeln ist, noch eine weitere *kânu*, auch wenn die bab.-ass. Formen *ikân*, *iṭâb* erst Secundärbildungen sind, da *kânu* (bezw. *kân*) sicher im bab.-ass. Perfect (neben *kaïn*) vorliegt.

Nun zu den Verba mediae geminatae. Hier hat, wie eine Vergleichung des westsemitischen mit dem baby.-assyrischen zeigt, die Analogie des triliteralen Verbums schon weit mehr Platz gegriffen. Die ältesten Formen des Imperfects waren gewiss *ja-kunnu*, *ja-kinnu* (also ganz wie die babyl. Nebenformen bei den hohlen Verba, die von den med. gem. von Haus aus ja kaum verschieden waren, indem eine betonte Biliteralwurzel leicht sowol Schärfung als Dehnung vgl. A. Müller's Aufsatz, hervorbringen kann, wie denn gerade im bab.-ass. beide oft und nicht etwa blos graphisch, miteinander abwechseln), woneben aber schon bald *ja-kánun* und *ja-kánin* auftrat. Die Jussivverkürzung von *jakunnu* ergab *jákun* (im arab. als *jakunni* erhalten), die von *jakánun* aber *jáknun*, wie in der That die Form stets im babyl. und äthiop. lautet.

Also weitentfernt, dass A. Müller's Anschauung (die von Anfang an auch die Lagarde's, Nöldeke's und die meinige gewesen war) meiner neuen auf Lagarde weiterbauenden Aufstellung (kabul, kabil; ji-kabul, ji-kabil; aus letzterem verkürzt jikbul, jikbil) im Wege steht, fügt sie sich derselben aufs trefflichste, ja bestätigt bei genauerer Prüfung nur deren Richtigkeit; auch fällt jetzt der Einwand, den seiner Zeit A. Müller sich selbst in löblich vorsichtiger Weise machen zu müssen glaubte, weg, indem gerade die Existenz der Verbalnomina nach Art von ثَوْر und عَيْن die befriedigendste Erklärung durch meine These findet.

Schliesslich muss ich mich feierlich verwahren, „Angriffe“ auf Barth's Buch gemacht zu haben. Bei dem diametralen Gegensatz, in welchem sich unsere Anschauungen über die Entstehung und Entwicklung des Verbums in den semitischen Sprachen befinden, konnte ich mich doch wahrlich nicht anerkennender und wärmer ausdrücken, als ich es ZDMG., Bd. 44, S. 536 gethan habe. Ich für meinen Teil wäre froh, stets so loyale Gegner zu finden, als welcher ich an jenem Orte Barth gegenüber aufgetreten bin; zur Belohnung dafür werde ich in der oben S. 92 und 117 charakterisirten Weise behandelt, gegen welche ich im Interesse der wahren Wissenschaft, in der Entstellung und Verschweigung nie und nimmermehr erlaubt sein dürfen, energisch mich zu wehren berechtigt bin.

Verbesserungen zu Nr. 1 bis 3.

S. 3, Z. 8 lies: Ma'on, bezw. Ma'ûn (u. vgl. S. 50, A. 2).

S. 3, Z. 9 v. u. lies: Me'ûnî statt Ma'on (u. vgl. S. 48, unten).

S. 15, Z. 1 lies: Eigennamen; Z. 9 lies: eine Altertümlichkeit; Z. 16 lies: die sonst für den Status constr. in Gebrauch ist.

S. 17, Anm. 1 lies: archaische statt arabische.

S. 22, A. 1 lies: Lisân al-Arab.

S 26, Z. 8 lies: vier statt fünf. Zu dem Stammbaum siehe den Nachtrag auf der autographirten Tafel (nach S. 128).

S. 39, Z. 17 lies: Vocalisationsbezeichnung!

S. 63, Z. 9: Hibat-Allah, Muchtârât, pag. ٨٣ hat statt الرِّثية vielmehr الزِّنْيَة, also *banû z-zinja* „in Hurerei erzeugte“ (opp. *banû -r-rišda*). Als die Seiten 1—68 gedruckt wurden (Febr. 1890), war mir das betreffende (S. 86 citirte) Buch noch nicht zugänglich.

4.

Nachträgliches zum Reich von Maʿîn.

Seitdem die erste Abhandlung dieses Buches geschrieben wurde, hat Glaser die für die Geschichte des sog. Minäerreiches so wichtige Inschrift Hal. 535 im „Ausland“ (Jahrg. 1891, Nr. 3) vollständig übersetzt und seine frühere Ansicht von der Abfassungszeit (Ende der Hyksosperiode) weiter ausgeführt; vorher hatte er auch, wenn ich mich recht erinnere, noch eine zweite zur Verfügung gestellt, nämlich, dass allenfalls auch die Zeit der Wirren am Ende der 19. Dyn. (der syr. Usurpator Arsu gegen den rechtmässigen Pharao Set-necht), c. 1270, in der Inschrift in Aussicht genommen sein könne.

Bei der eminenten historischen Wichtigkeit derselben halte ich es nicht für unnötig, hier auch meine Uebersetzung des ganzen Textes (s. die autogr. Tafel) zu geben, zumal sich an zwei Stellen derselben eine von mir unterdes gemachte Entdeckung knüpft:

„ʿAmmî-ṣaduḳa Sohn des Ḥamā-ʿAṯt, Herr von (wörtlich: der von) Japʿân (يفعان)

und Śaʿdu Sohn des ʿAli, Herr von Ḍaplân (ضفلان)

die beiden Fürsten von *Ṣûr* und *Aʾšûr* und von *ʿIbru-naharân* (siehe oben S. 7)

bei (im Auftrag von) dem an Ruhm grossen (*bi-kabîri šamʿam*, so ist nach verschiedenen Parallelstellen zu restituiren), dem *Dû-Riḍâʿ*, angesichts (oder: in Vertretung? *bi-ḳadmâni kabîri-šû*) seines Fürsten (vgl. die letzte Zeile der Inschrift),

stifteten, errichteten und weihten sie dem Gotte ʿAṯtar von Ḳabaḍ (wörtl. ʿA. dem von Ḳ.)

die Platform (Warte) Tanʿam, vorn schön ausgeschmückt mit Holz und Balken von unten bis zur Spitze, und ihre (rückwärtige) Schutzwehr von Stein,

alle Platformen zwischen den beiden Thürmen Ẓarbân und Laʾbân und die Ehrengeschenke und Opfergaben, welche dem ʿAṯtar von Ḳabad darbrachte die Gemeinde der Frommen,

indem seine Zustimmung und sein Wolgefallen kund gab ʿAṯtar von Ḳabaḍ in Folge der Ehrengeschenke und Opfergaben zum Bau der Platform

am Tage, da sie und ihre Habe rettete ʿAṯtar von Ḳabaḍ und Wadd und Inkirâḫ und ihr Anführer (*amîru-śumû*, während das oben mit Fürst übersetzte Wort *kabîr* war)

von den Heeren, mit welchen sie und ihre Habe und ihre Tiere (Kamele, *baʿîra-śumû*) bekriegt wurden von *Śabaʾû* und *Ḫaulânu*

auf der Handelsstrasse (*bi-maśbaʿi*) zwischen *Mâwân* und *Raghmat*[1]) und während des Krieges, welcher stattfand zwischen dem Herrn von (wörtl. dem von) *Jamnatu* und dem Herrn von *Šaʾmatu* (d. i. des Süd- und des Nordlands, hier als Eigennamen behandelt wegen des Fehlens der Mimation)

und am Tage da sie und ihre Habe rettete ʿAṯtar von Ḳabaḍ und Wadd und Inkirâḫ mitten aus *Miṣru* (Aegypten) heraus

bei der Feindseligkeit (*bi-marâḍi*) welche stattfand zwischen *Madaj* und *Miṣr*

indem sie und ihre Habe rettete ʿAṯtar von Ḳabaḍ heil und wolbehalten bis hin zur Grenze (*ʿadî ʿarḍi*) ihrer Stadt *Karnâwu*.

Bei ʿAṯtar von Šarḳân und bei ʿAṯtar dem (Herrn) von Jahraḳ und bei der (Herrin) von Našḳ und bei den Gottheiten von *Maʿînu* und *Jaṯîlu*

und bei *Abî-jadaʿa Jaṯîʿu*, dem König von *Maʿînu* und bei den beiden Söhnen des *Maʿdî-kariba* des Sohnes des *Ilî-japaʿa* und bei ihrem Stamm (*šaʿbi-śumû*) *Maʿînu* und *Dû-Jaṯîla* und bei *Śaʿd* (mit Mimation, also nicht der oben als zweite Stifter genannte *Śaʿdu*).

Und es stellten ʿAmmî-ṣaduḳa und Saʿdu (das sind eben die beiden Stifter) und *Maʿînu-Miṣrân* (siehe oben S. 6) ihren Besitz und ihre Inschriften in den Schutz der Gottheiten von *Maʿînu* und *Jaṯîlu* und (in den Schutz) des Königs von *Maʿînu* und *Mâwân*

---

1) Die Spuren bei Halevy weisen viel eher auf Raghmat (رغمة) als auf Ragmat (رجمة). Statt مون hat Halevy معن. Mit *ś* transscribire ich das unreine s, welches etymologisch dem hebr. שׂ entspricht (siehe oben S. 104 f.).

(lies ومونم, Halevy: *wm * m*) vor jedem der wegschaffen und entfernen lässt ihre Inschriften von ihrem Ort.

Bei [*Ḏû-Ridâʿa*, ذو رداع, vgl. oben Absatz 4, im Eingang der Inschrift?] und bei *ʿAmmî-śamiʿa*, dem Fürsten von *Jaṯîlu*.“

Soweit die Inschrift. Es handelt sich also um zwei, zunächst scheinbar ganz verschiedene Vorfälle: 1. um einen Ueberfall von Seiten der Beduinenstämme *Sabaʾu* und *Ḫaulânu* auf der Strasse zwischen Mâwân und Raghmat in Nordarabien, welcher Ueberfall in ursächlichen Zusammenhang mit einem Krieg zwischen dem Herrn vom Südland und dem vom Nordland gesetzt wird, und 2. um eine glücklich überstandene Flucht aus ägyptischem Gebiet (wol des zunächst der Sinaihalbinsel gelegenen Grenzlandes, wo eben die Veste Ṣâr sich befand) nach Arabien (Endstation: *Karnâwu*). Stehn nun diese beiden Vorkommnisse in irgend einer Verbindung oder nicht? Mir scheint der ganzen Situation nach diese Frage bejaht werden zu dürfen, und dann sind zweifellos der Herr vom Süd- und der vom Nordland mit Glaser der in Theben residirende König von Aegypten einer- und sein im Delta residirender Gegner semit. Abkunft, in dessen Sold eben die beiden Stifter der Inschrift früher (als Fürsten von Ṣar und Aʾšûr) gestanden hatten, andererseits. Wahrscheinlich waren dieselben auf dem Zug von Maʿîn nach der Sinaihalbinsel begriffen, um dem König von Unterägypten als getreue Vasallen zu Hilfe zu kommen; dabei wurden sie auf der grossen Süd- und Nordarabien verbindenden Karawanenstrasse, die auch sonst *msbʾ Mwn* d. i. مسبأ ماوان heisst[1]), und zwar auf der Strecke zwischen Mâwân und Raghmat (d. bibl. רעמה), überfallen und flüchteten sich nun erst recht nach Aegypten,

1) Gl. 739, Z. 2/3 und Z. 7, (einer sabäischen, nicht maʿînischen, Inschrift) wo ganz deutlich مون (hier ohne Mimation aber mit و, nicht etwa ع wie oben bei Halevy) steht und zwar ebenfalls in der Verb. مسبأ مون. Ich verdanke die Kenntniss der betr. Zeilen (leider nicht der ganzen Inschrift) der Güte Glasers, der mir dieselben (wegen des Ausdrucks هأ فتوتن „dieser Weg“) seiner Zeit in die Feder dictirte, als ich ihn um einige Stellen für هأ „dieser“ gebeten hatte.

wo es ihnen aber in Folge des Sieges des „Südkönigs“ noch schlimmer als vorher gieng. Es ist gar keine Frage, dass mit موں dasjenige der beiden nordarabischen ماوان (wörtl. „Wasser“ d. i. „Wasserstation“) gemeint ist, welches zwischen an-Nakra und ar-Rabada (Jak. 4,399, Bekri 503, Hamdâni 185=318) liegt, nicht das andere, auch weniger oft genannte, in Jemâma.

Aber an die richtige Restituirung des Ausdruckes *bi-mašba'i baina Mâwânim wa-Raghmatim* knüpft sich noch eine wichtige historische Wahrnehmung. Wie verschiedene Stellen der ma'înischen Inschriften zeigen (so ausser Hal. 535, Schl. *maliki Ma'îna wa-Mâwânim* noch Hal. 242,7 f., Hal. 480, Hal. 484, Hal. 553 und vielleicht auch noch Hal. 510), setzten die Könige von Ma'în hie und da ihrem Titel (. . . von Ma'în) nicht blos das bekannte Jatil sondern auch noch den Ausdruck *Mwnm* (meist mit Mimation, während Ma'în correcter Weise ohne Mimation geschrieben wird, obwol allerdings auch häufig, wenn wir hier Halevy trauen dürfen, auch *Ma'înum* statt *Ma'înu* begegnet) bei. Wären nicht hie und da die so ähnlichen Zeichen 'Ajin und Waw von Halevy selbst verwechselt worden (wie z. B. gleich in Hal. 535), dann hätte man wahrscheinlich längst das richtige gesehen. Mâwân bildete (zeitweilig? das ist jetzt noch genauer zu erforschen) einen Bestandteil des ma'înischen Reiches so gut als Jatrib, Gaza und Dedan, die, wie Glaser gezeigt hat, dazu gehörten und auch in den Inschriften als solche begegnen. Interessant ist, dass Gen. 10 Sheba und Dedan als Söhne Ra'mah's zusammenstehn, wie in Hal. 535 in ein- und demselben Absatz Saba' und Raghmat vorkommen; sollte damals Saba' noch nördlicher gesessen sein, als später, wo sie sich ein eigenes Reich gründeten?

Wa die *Madaj* anlangt, welche Glaser gewiss richtig mit der ägypt. Polizeitruppe der Madoy (koptisch *mati*, *matoi*) identificirt, so entspricht allerdings sonst das äg. *d* einem semit. ṣâd (oben S. 99, A. 1), es ist aber zu beachten, dass wir hier nicht etwa ein semit. Wort in ägyptischer, sondern umgekehrt ein ägypt. Wort in semit. (und zwar arabischer) Umschreibung vor uns haben. Dann passt aber weit besser das Ende des 13. vorchristl. Jahrhunderts (siehe oben S. 124) als das Ende der Hyksoszeit als historischer Hintergrund, da gerade damals der rechtmässige Pharao (= „König des Südlands“ in unserer Inschrift) sich, wie mir

Ebers mitteilt, aller Wahrscheinlichkeit nach der Hilfe der Maḏoy gegen den semitischen Deltakönig bedient haben wird.

Zu S. 9, Anm. 2 und S. 50, Anm. 1 möchte ich endlich noch bemerken, dass ich jetzt zu der Ueberzeugung gelangt bin, dass *Μιναῖοι* und Ma'în von Haus aus verschiedene Namen sind. Woher hatten sowol die LXX als auch die Griechen ihre Nachrichten über die *Μιναῖοι* und damit auch den Namen selbst? Nirgends anders woher als von Alexandria, diesem Sammelpunkt griechischer und ägyptischer Bildung. Dort hörten sie von dem grossen Arabervolke der *Men* (oder *Min*, der Vokal ist bei diesem Worte in der Hieroglyphenschrift unbezeichnet), welches schon die Pharaonen des alten Reiches kannten[1]), und sie umschrieben nun diesen Namen allgemeiner Bedeutung (vgl. das Ideogramm für Bergland, mit dem derselbe oft geschrieben wird) regelrecht durch *Μιναῖοι*, während sie *Me'în* vielmehr durch *Μεϊναῖοι* oder *Μεειναῖοι* (wie in der Tat einigemal, vgl. oben S. 49, im Text der Sept. in genauem Anschluss an das hebr. *Me'ûnîm* steht) hätten umschreiben müssen. Und da die *Me'ûnîm* des Alten Testamentes ebenfalls handeltreibende Araber (eben die Nachkommen der alten Me'îniter) waren, so lag nichts näher, als dass die LXX an den betr. Stellen des alten Test. das ähnlich klingende *Μιναῖοι*, eine urspr. ägyptische Bezeichnung der Beduinen (u. zwar zunächst der Sinai-Beduinen), dafür einsetzten.

1) Auf der Stele Snofru's (siehe oben S. 9) steht nur das Ideogramm, das dreimal gesetzte Zeichen für Bergland; dagegen findet sich in der Pyr. des Teti, Z. 353 die phonetische Schreibung, und zwar nicht wie später *Mentiu*, wo offenbar das t als Fem.-endung aufgefasst wurde, sondern *Mnṯw* (Maspero: „les barbares Montou") mit dem Zeichen, das wahrscheinlich urspr. dem semit. ز (siehe S. 99, A. 1 *ṯiṯ* = زيت und vgl. „babyl. Urspr. der äg. Kultur", S. 48 und 50) entsprach, so dass man versucht sein könnte, an מִזָּה Gen. 36, 13.17 (dann aus *Minzah*) oder (falls man Transposition annähme) auch an den in Arabien so häufigen Stammesnamen *Mâzin* zu denken.

Nachtrag zu § 26

Nach nochmaliger Prüfung der betreffenden Inschriften (Hal. 520 sind mit [ʿAmmî-ṣaduk], ʿAmmî-jadaʿ und ʿAmmî-kariba wol die Söhne und Enkel des Hamū-ʿaṯt gemeint, und dann dieselben wie in Hal. 187/8) möchte ich jetzt folgende Genealogie vorschlagen:

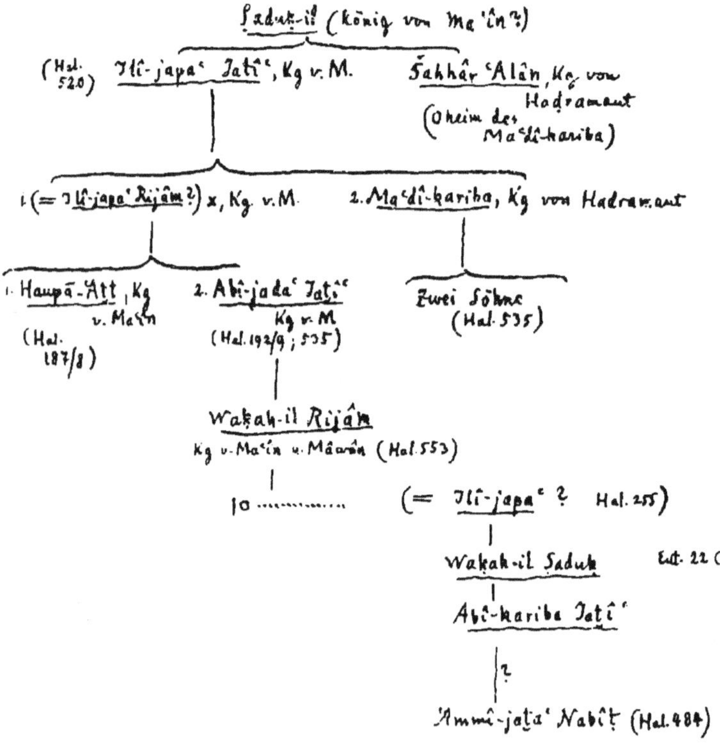

Zu S. 124 ff.

Beigabe Hal. 535 (Barāqiš)

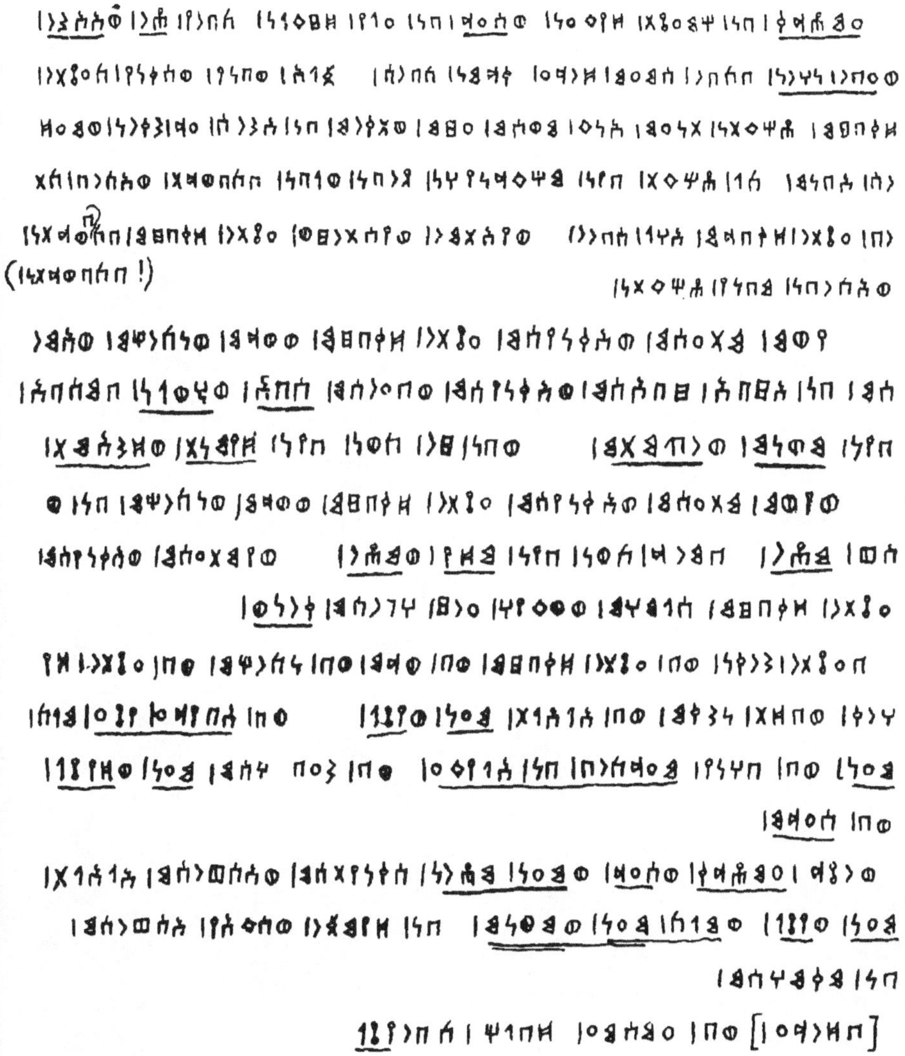

www.ingramcontent.com/pod-product-compliance
Lightning Source LLC
Chambersburg PA
CBHW031325160426
43196CB00007B/665
* 9 7 8 3 7 4 3 4 9 8 2 2 8 *